F 18962

LES
PLANCHES GÉNÉALOGIQUES

COMPOSÉES

SELON LES DIVERS ORDRES DE SUCCESSIONS
ET D'APRÈS LEURS DIFFÉRENTES CATÉGORIES

AVEC APPLICATION DES PRINCIPES DU DROIT CIVIL
PAR LE SYSTÈME DÉCIMAL.

COMBINAISONS OU PRINCIPES ARITHMÉTIQUES CERTAINS POUR TROUVER LE VÉRITABLE DÉNOMINATEUR DANS TOUS LES CAS DE SUCCESSIONS AVEC OU SANS DONATIONS, LICITATIONS, LIQUIDATIONS ET PARTAGES, ET CONNAÎTRE LA CORRESPONDANCE DE CHAQUE FRACTION AU CAPITAL DE LA SUCCESSION.

PAR J.-C. DESVAUX,
COMMIS GREFFIER ASSERMENTÉ, AU 12ᵉ ARRONDISSEMENT.

PARIS.
IMPRIMÉ, PAR AUTORISATION DE M. LE GARDE DES SCEAUX,
A L'IMPRIMERIE ROYALE.

1833.

Les formalités ayant été remplies, je poursuivrai les contrefacteurs suivant toute la rigueur des lois.

Nota. Cet ouvrage se trouve à Paris, chez l'Auteur, rue des Rosiers, n° 25, au Marais.

PRÉFACE.

En composant cette méthode j'ai eu en vue trois choses essentielles : la première, de donner l'instruction sur l'établissement des planches généalogiques, et par conséquent des qualités des parties dans les intitulés d'inventaire ou autres actes ; la seconde, de démontrer par des exemples l'application des principes du droit civil par le système décimal dans les divers ordres de successions et leurs différentes catégories, et enfin, la troisième, d'expliquer, tout en les simplifiant, les combinaisons ou principes arithmétiques certains pour trouver le véritable dénominateur dans tous les cas.

J'ose me flatter de l'espoir que j'ai atteint en partie le but que je m'étais proposé, et que le public, en accueillant mon travail, me rendra la justice de le trouver aussi explicatif et méthodique que possible, surtout d'après son format.

Avant de le publier j'ai pris la précaution de le soumettre à l'examen de diverses personnes recommandables, versées dans ces sortes de matières, dont les lumières et observations m'ont été fort utiles.

J'ai travaillé pour les étudiants en droit et les praticiens ; j'ai cherché à leur épargner, par mes exemples et mes calculs, le temps perdu de leurs recherches, ainsi que les nombreuses difficultés que j'y ai rencontrées ; je me suis attaché à être clair, précis et méthodique ; le désir d'être utile a soutenu mes efforts.

INTRODUCTION.

Le législateur, en établissant les divers ordres de successions et leurs différentes catégories, a fixé les droits de chacun suivant son degré d'hérédité, et par là a donné la base de toutes les opérations relatives à l'ouverture des successions descendantes, ascendantes, collatérales et irrégulières. S'il a prévu tous les cas de succession qui pourraient se présenter, il n'a pas développé d'une manière complétement intelligible pour tous l'établissement des planches généalogiques et des qualités des parties, ni le mode de déterminer arithmétiquement les parts et portions de chacun des ayant-droit dans une succession. Ces combinaisons, quoique simples en apparence, ont cependant besoin d'être démontrées, non-seulement par la théorie, mais encore par des exemples propres à en amener la connaissance pratique. Quelle que soit la sagacité d'un élève en droit, et même d'un praticien, il est certaines généalogies et catégories de successions qui seraient susceptibles de l'arrêter au premier abord, soit dans leur établissement, soit dans leurs principales combinaisons arithmétiques; aussi les jeunes gens qui se destinent spécialement au notariat n'acquièrent-ils parfaitement ces connaissances qu'en joignant la pratique à la théorie.

Les planches généalogiques contenues dans cette méthode sont exactement établies d'après les principes du Code civil, et pourront être consultées au besoin, tant pour la confection de celles que l'on voudra dresser, que pour le mode de répartition des parts et portions qui doivent être attribuées à chaque héritier dans une succession, suivant la ligne, souche et degré où il se trouve. Je ne pense pas qu'il soit nécessaire d'en donner ici une plus ample explication.

Toute ouverture de succession est ordinairement suivie d'un inventaire notarié : cet acte, qui est le titre sur lequel sont basées toutes les opérations ultérieures d'une succession, est donc de la plus haute importance; il convient par conséquent que les droits et qualités des parties y soient établis d'une manière simple, claire, facile et précise.

Il existe deux manières d'établir ces droits et qualités dans un intitulé d'inventaire.

La première, en attribuant à chacun la part qu'il reçoit dans la souche, division ou subdivision de souche de laquelle il descend; alors chaque héritier n'a qu'une fraction dans une fraction de la succession, comme 1/4, 1/5, 1/6 du total revenant à sa souche, ce qui par conséquent donne lieu à des numérateurs et dénominateurs différents pour chaque souche et degré, et nécessite, lors du partage de la succession, des calculs distincts susceptibles d'occasionner des erreurs difficiles à contrôler ou à relever dans un compte de liquidation et partage.

Il résulte en outre de cette manière d'opérer que, dans certains cas, la part revenant à un héritier, dans un capital donné, n'est réellement connue de lui, lors du partage, qu'après avoir réuni les sommes auxquelles il a droit dans chaque ligne où il participe.

La seconde manière, *celle qui devrait être plus communément en usage*, est de rechercher *un nombre décimal* qui représente l'entier de la succession, que l'on nomme *dénominateur commun*, auquel correspondent toutes les fractions des parts et portions revenant à chaque héritier dans la souche ou les lignes auxquelles il prend part, suivant son degré. Ces fractions, plus ou moins fortes, sont toutes connues sous un nombre que l'on nomme *numérateur*, comme 1/4 dans 4/4, c'est-à-dire la quatrième partie de l'entier, qui est quatre; 5/15 dans 15/15, qui est le tiers de l'entier; 3/6 dans 6/6, qui est la moitié de l'entier. Les premiers chiffres 1, 5, 3 représentent les numérateurs ou les fractions des entiers, et les seconds chiffres 4, 15 et 6 représentent les dénominateurs ou les entiers : se divisant chaque entier en 4, 15 et 6 parties égales. Par cette combinaison l'héritier connaît de suite la correspondance de sa fraction à l'égard de l'entier, et sait, par un calcul spécial (page 96), la somme qui doit lui revenir dans le capital donné, même avant le partage de ce capital, dans tels catégorie et degré qu'il se trouve, et sans avoir recours à la division par souches de ce même capital. Le contrôle peut alors s'établir immédiatement en additionnant ensemble soit les numérateurs qui doivent égaliser le dénominateur, soit les fractions du capital qui doivent représenter exactement ce dernier, comme on peut le voir aux tableaux contenus dans cette méthode (planches 6me et 36me).

Pour les successions ouvertes au profit d'héritiers en lignes directe ou collatérale, s'ils sont tous frères germains ou issus de frères germains, la division ou subdivision s'établit facilement, en procédant d'abord à la division par souches, et ensuite à la subdivision par branches, du dénominateur commun.

S'ils sont de lits différents, c'est-à-dire germains et consanguins ou utérins, la combinaison des parts et portions revenant à chaque héritier devient alors plus difficile à établir, attendu que les germains prenant part dans les deux lignes, il importe de faire correspondre à un dénominateur commun, que l'on doit chercher avant tout, les différentes fractions que chacun reçoit.

On voit, par ce qui précède, que non-seulement il est indispensable de bien comprendre la volonté du législateur, mais encore d'en savoir faire l'application, tant par l'établissement des généalogies que par les combinaisons arithmétiques.

Dans plusieurs de mes planches généalogiques, j'ai fait figurer avec intention des ascendants et des collatéraux, quoiqu'ils n'aient aucun droit dans ces successions, mais seulement pour démontrer que j'ai fait l'application, à qui de droit, des articles du Code civil cités en regard de chaque planche.

J'ai fait également un article spécial à chacun des termes employés dans ma méthode, afin de réunir sous un même coup d'œil tous les éléments nécessaires.

DE CE QU'ON ENTEND PAR GÉNÉALOGIES, ET DE LA MANIÈRE DE LES ÉTABLIR.

Les généalogies sont la représentation figurée des membres composant une même famille ou en ayant fait partie, tels que ceux existant et ceux décédés et représentés.

Lorsqu'on établit une généalogie, il faut partir du principe ou de l'origine d'une même famille, c'est-à-dire qu'il convient de remonter aux auteurs communs paternels et maternels des prétendant droit et du *de cujus*, et ensuite de classer de *degrés en degrés* chaque héritier dans l'ordre naturel de sa naissance, appelé ou non à succéder.

On entend par auteurs communs ceux desquels descendent directement, et au premier degré, deux ou un plus grand nombre de souches.

Et par souches, plusieurs auteurs tirant eux-mêmes directement, et au premier degré, leur origine des auteurs appelés communs.

Ainsi, par exemple, les père et mère sont les auteurs communs, au premier degré, de leurs fils; au deuxième degré, de leurs petits-fils, et au troisième degré, de leurs arrière-petits-fils, etc.

Les fils des auteurs communs, formant alors les souches au premier degré, deviennent à leur tour les auteurs communs de leurs descendants dans tous les mêmes degrés, et ainsi de suite. (Voir planche 36me.)

DES LIGNES DIRECTES DESCENDANTES, ASCENDANTES ET DES LIGNES COLLATÉRALES,
ET DE LA MANIÈRE DE COMPTER LES DEGRÉS DANS CHACUNE DE CES LIGNES.

On entend par ligne directe descendante une ligne qui part de l'auteur commun au dernier rejeton de cette ligne.

Et par ligne directe ascendante une ligne qui part du dernier rejeton à l'auteur commun.

Les degrés dans ces deux lignes se comptent *de l'un à l'autre, compris l'auteur commun*, c'est-à-dire que, du père au fils, il n'y a qu'un degré, du fils au petit-fils un second degré, etc., et réciproquement, quoiqu'il y ait trois personnes distinctes, mais principalement parce qu'elles descendent immédiatement les unes des autres.

En lignes directes descendante et ascendante, les degrés se comptent en nombres pairs et impairs. (Voir planche 1re, page 12.)

On entend par lignes collatérales les lignes produites par deux ou un plus grand nombre de souches issues d'auteurs communs : ainsi les deux fils d'auteurs communs, ayant chacun des enfants, petits-enfants, ces deux fils et leurs descendants sont bien tous issus, à l'égard des auteurs communs, en ligne directe de ces derniers, mais entre eux, et respectivement à l'égard de leurs lignes, ils sont tous parents collatéraux comme issus chacun d'une souche hors la ligne directe.

Deux frères ne descendant pas l'un de l'autre, mais bien d'un même auteur, il a fallu établir une distinction de degrés entre la filiation et la fraternité, et leurs générations à venir, étant distinctes et indirectes les unes des autres, ont été appelées lignes collatérales.

En ligne collatérale, les degrés *de génération à génération égale*, comme de frère à frère, cousin germain à cousin germain, se comptent par nombres pairs, c'est-à-dire qu'il y a deux degrés entre les frères et sœurs, et quatre degrés entre les cousins germains, etc.

Les degrés en nombres impairs sont alors des degrés que l'on peut appeler degrés collatéraux intermédiaires, comme de l'oncle au neveu, arrière-neveu, etc.

D'où il résulte que les degrés en ligne collatérale se comptent *par l'un et par l'autre, non compris l'auteur commun*, ce qui est le contraire en lignes directes descendante et ascendante.

DE LA DÉFINITION DES TERMES *DE CUJUS*, DESCENDANTS, ASCENDANTS, COLLATÉRAUX, GERMAINS, CONSANGUINS ET UTÉRINS.

Le *de cujus* est le défunt, c'est-à-dire la personne qui donne lieu à l'ouverture de la succession à laquelle on est appelé, et de laquelle on hérite.

Les *descendants* sont les fils, petits-fils, arrière-petits-fils, etc.

Les *ascendants* sont les père, mère, grands-pères, grand's-mères, ou aïeux, bisaïeux, etc.

Les *collatéraux* sont les frères et sœurs, neveux et nièces, cousins, cousines, oncles, tantes, etc.

Les *germains* et *consanguins* sont les enfants issus de deux ou d'un plus grand nombre de mariages contractés *par le même père;* les enfants nés du premier mariage sont frères germains entre eux, comme issus du même père et de la même mère, et consanguins, c'est-à-dire frères, seulement à cause de leur père, des enfants issus des mariages subséquents contractés par ce dernier. Il en est de même des enfants nés des subséquents mariages, qui sont aussi frères germains entre eux, et consanguins à l'égard des enfants issus des autres mariages.

Les *germains* et *utérins* sont également les enfants nés de deux ou un plus grand nombre de mariages contractés par *la même mère*. Les enfants issus du premier mariage de cette dernière sont frères et sœurs germains entre eux, et utérins à l'égard des enfants nés des autres mariages de leur mère, et réciproquement frères et sœurs de mère seulement.

Dans l'un comme dans l'autre cas, c'est l'événement qui survient dans une famille qui règle la qualification des parties à l'ouverture de la succession. (Voir planches 16me, 17me et 18me.)

(12)
PREMIÈRE PLANCHE.

DEGRÉS EN LIGNE COLLATÉRALE. (Art. 738, Cod. civ.)

PREMIÈRE LIGNE DIRECTE. (Art. 737, C. c.)		DEUXIÈME LIGNE DIRECTE. (Art. 737, C. c.)
	Auteur commun — 1ᵉʳ	
1ᵉʳ fils — 1ᵉʳ	Frères au 2ᵉ degré entr'eux	1ᵉʳ — 2ᵉ fils
	Oncle au 3ᵉ degré avec	
	Grand oncle au 4ᵉ degré avec	
Petit-fils — 2ᵉ	Neveu — Grand oncle au ... avec	2ᵉ — Petit-fils
	Cousin germain au 4ᵉ degré avec	
	Cousin issu de germain au 5ᵉ degré avec	
1ᵉʳ arrière-petit-fils — 3ᵉ	Cousin issu de germain au 6ᵉ degré avec	3ᵉ — 1ᵉʳ arrière-petit-fils
	Cousin au 7ᵉ degré avec	
2ᵉ arrière-petit-fils — 4ᵉ	Cousin au 8ᵉ degré avec	4ᵉ — 2ᵉ arrière-petit-fils
	Cousin au 9ᵉ degré avec	
3ᵉ arrière-petit-fils — 5ᵉ	Cousin au 10ᵉ degré avec	5ᵉ — 3ᵉ arrière-petit-fils
	Cousin au 11ᵉ degré avec	
4ᵉ arrière-petit-fils — 6ᵉ	Cousin au 12ᵉ degré avec	6ᵉ — 4ᵉ arrière-petit-fils

Ligne directe ascendante. (Art. 736, Cod. civ.)   *Ligne directe descendante. (Art. 736, Cod. civ.)*

Cette planche est la base des degrés dans les divers ordres de successions.

(Art. 735, Cod. civ.) « La proximité de parenté s'établit par le nombre de générations; chaque génération s'appelle un
« degré. »
(Art. 736, Cod. civ.) « La suite des degrés forme la ligne : on appelle ligne directe la suite des degrés entre personnes
« qui descendent l'une de l'autre; ligne collatérale, la suite des degrés entre personnes qui ne descendent pas les unes
« des autres, mais qui descendent d'un auteur commun. On distingue la ligne directe en ligne directe descendante et
« ligne directe ascendante. La première est celle qui lie le chef avec ceux qui descendent de lui; la deuxième est celle
« qui lie une personne avec ceux dont elle descend. »
(Art. 737, Cod. civ.) « En ligne directe on compte autant de degrés qu'il y a de générations entre les personnes; ainsi
« le fils est à l'égard du père au premier degré; le petit-fils au second, et réciproquement du père et de l'aïeul à l'égard
« des fils et petits-fils. »
(Art. 738, Cod. civ.) « En ligne collatérale les degrés se comptent par les générations, depuis l'un des parents jusques
« et non compris l'auteur commun, et depuis celui-ci jusqu'à l'autre parent. Ainsi deux frères sont au deuxième degré;
« l'oncle et le neveu sont au troisième degré; les cousins germains au quatrième; ainsi de suite. »

Cette planche représente deux lignes directes, l'une, celle de droite, descendante, et l'autre, celle de gauche, ascendante; ces deux lignes sont en même temps collatérales entre elles. Les degrés en lignes directes sont marqués intérieurement sur les côtés de chacune de ces lignes. Les chiffres placés sous l'auteur commun représentent les degrés en lignes collatérales. Il résulte de ces derniers chiffres que les quatrièmes arrière-petits-fils, dans chacune de ces deux lignes, sont parents collatéraux entre eux au 12e degré et peuvent hériter l'un de l'autre jusques et compris ce degré. Cette planche est par conséquent la base des degrés dans les divers ordres de successions, et notamment dans les successions collatérales. (Voir l'application, planche 21me.)

(14)

2ᵉ PLANCHE.

Nota. Voir la 1ʳᵉ observation, page 89.

PREMIER ORDRE.

DES SUCCESSIONS DÉFÉRÉES AUX DESCENDANTS.

PREMIÈRE CATÉGORIE (Art. 745, Cod. civ.).

« Les enfants ou leurs descendants succèdent à leurs père et mère........ sans distinction de sexe ni de primo-
« géniture........
« *Ils succèdent par égales portions et par tête, quand ils sont tous au premier degré et appelés de leur chef.* »

Cette planche représente cinq exemples distincts où les héritiers recueillent de leur chef et par tête la totalité de la succession de leur père (art. 913, Cod. civ.), sauf les dispositions faites par le père, aux termes de cet article, quant à la portion disponible de ses biens, qui ne peut excéder, dans le premier cas, la moitié, dans le second cas, le tiers, et dans le troisième cas, le quart (art. 1048, Cod. civ.); sauf également celles faites en vertu de cet article et permises en faveur des petits-enfants.

APPLICATION DE L'OBSERVATION PAGE 97.

PREMIER CAS (Art. 913, Cod. civ.).

La disposition étant de moitié et le dénominateur naturel étant 1, je l'ai multiplié par le dénominateur 2, ce qui m'a donné 1/2 pour l'héritier; l'autre 1/2 compose la libéralité.

2ᵉ CAS.

La disposition étant d'un tiers et le dénominateur naturel étant 2, je l'ai multiplié par le dénominateur 3, ce qui m'a donné 6 pour véritable dénominateur : si la libéralité est faite à l'un des deux enfants, il a 4/6ᵐᵉˢ et l'autre 2/6ᵐᵉˢ.

3ᵉ CAS.

La disposition étant d'un quart et le dénominateur naturel étant 3, je l'ai multiplié par le dénominateur 4, ce qui m'a donné 12 pour véritable dénominateur : si la libéralité est faite à l'un des enfants, il prélèvera d'abord son quart sur la totalité qui est de 3/12ᵐᵉˢ, et, sur les 9/12ᵐᵉˢ restant, formant les 3/4, il aura, comme les autres, 3/12ᵐᵉˢ au total, ce qui fera pour lui la moitié ou 6/12ᵐᵉˢ au total.

(16)

3ᵉ PLANCHE.

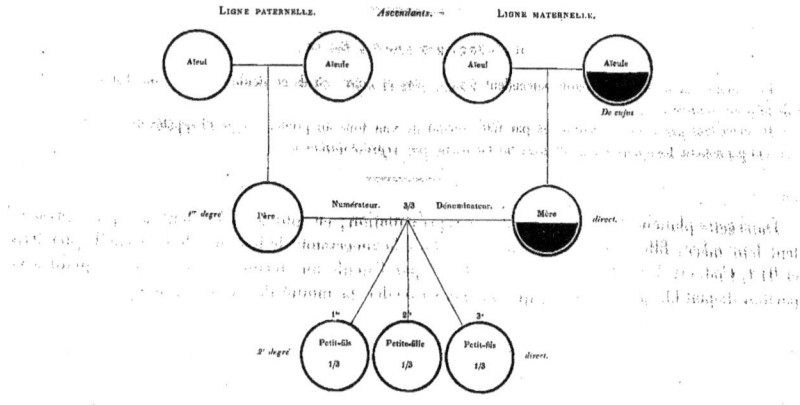

DES SUCCESSIONS DÉFÉRÉES AUX DESCENDANTS.

IIe CATÉGORIE (Art. 745, Cod. civ.).

« Les enfants ou leurs descendants succèdent à leurs père et mère, aïeuls et aïeules...... sans distinction de sexe
« ni de primogéniture.
                « Ils succèdent par égales portions et par tête, quand ils sont tous au premier degré et appelés de leur chef; ils suc-
« cèdent par souche lorsqu'ils viennent tous ou en partie *par représentation.* »

Dans cette planche figure le cas de la représentation; ce sont les petits-enfants qui représentent leur mère, fille unique et prédécédée, dans la succession de leur aïeule maternelle (art. 913 et 914, Cod. civ.), sauf les dispositions faites par l'aïeule aux termes de ces articles, quant à la portion disponible de ses biens, qui ne peut excéder la moitié de sa succession.

(18)

4ᵉ PLANCHE.

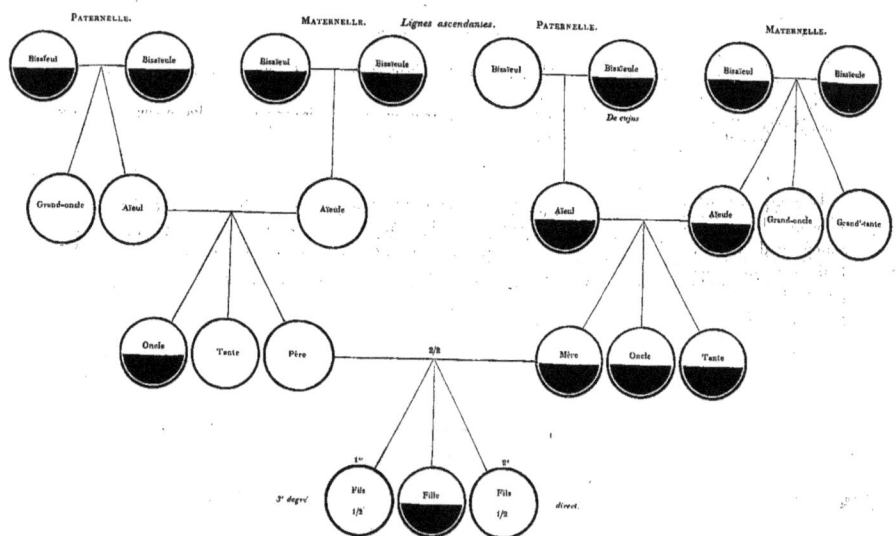

(19)
DES SUCCESSIONS DÉFÉRÉES AUX DESCENDANTS.

IIIe CATÉGORIE (Art. 745, Cod. civ.).

« Les enfants ou leurs descendants succèdent à leurs père et mère, aïeuls, aïeules, *ou autres ascendants*, sans dis-
« tinction de sexe ni de primogéniture......
« Ils succèdent par égales portions et par tête, quand ils sont tous au premier degré et appelés de leur chef; ils
« succèdent par souches lorsqu'ils viennent tous ou en partie *par représentation*. »

L'exemple, dans cette planche, est le même que le précédent quant à la représentation, si ce n'est que les enfants de la 3e génération héritent de leur bisaïeule maternelle, aussi par représentation de leurs mère et aïeul maternel tous deux prédécédés, ainsi que les frère et sœur de leur mère aussi prédécédés sans postérité (art. 913 et 914, Cod. civ.); sauf les dispositions faites par la bisaïeule aux termes de ces articles, quant à la portion disponible de ses biens, qui ne peut excéder la moitié de sa succession.

(20)

5ᵉ PLANCHE.

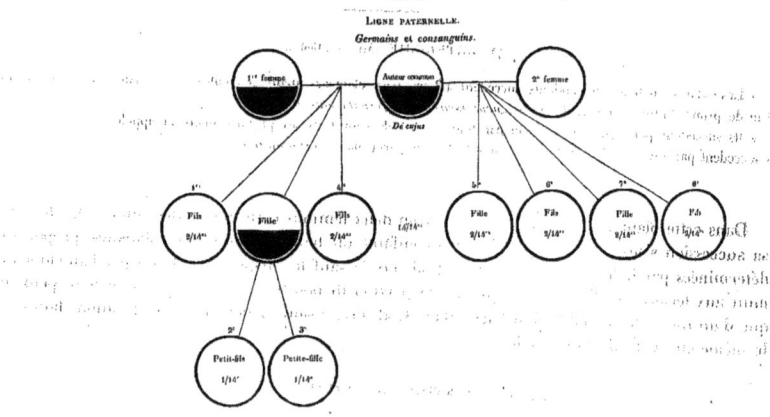

DES SUCCESSIONS DÉFÉRÉES AUX DESCENDANTS.

IVᵉ CATÉGORIE (Art. 745, Cod. civ.).

« Les enfants ou leurs descendants succèdent à leurs père et mère, aïeuls et aïeules...... sans distinction de sexe
« ni de primogéniture, *et encore qu'ils soient issus de différents mariages.*
« Ils succèdent par égales portions et par tête, quand ils sont tous au premier degré et appelés de leur chef : ils
« succèdent par souches, lorsqu'ils viennent tous ou en partie *par représentation.* »

Dans cette planche, l'auteur commun a eu deux femmes légitimes et des enfants de chacune ; sa succession s'ouvre au profit de tous ses enfants ou leurs représentants, dans les proportions déterminées par la loi (art. 913 et 914, Cod. civ.) ; sauf les dispositions faites par l'auteur commun aux termes de ces articles, quant à la portion disponible de ses biens, laquelle ne peut être que d'un quart de sa succession (art. 1048, Cod. civ.) ; sauf également les dispositions faites par le même en vertu de cet article.

OPÉRATION ARITHMÉTIQUE.

J'ai multiplié 7, nombre de souches, par 2, division de la seconde souche, ce qui m'a donné 14 pour dénominateur commun, par conséquent $2/14^{mes}$ à chaque souche, et $1/14^{me}$ à chaque branche de la 2ᵉ souche.

(22)

6ᵉ PLANCHE.

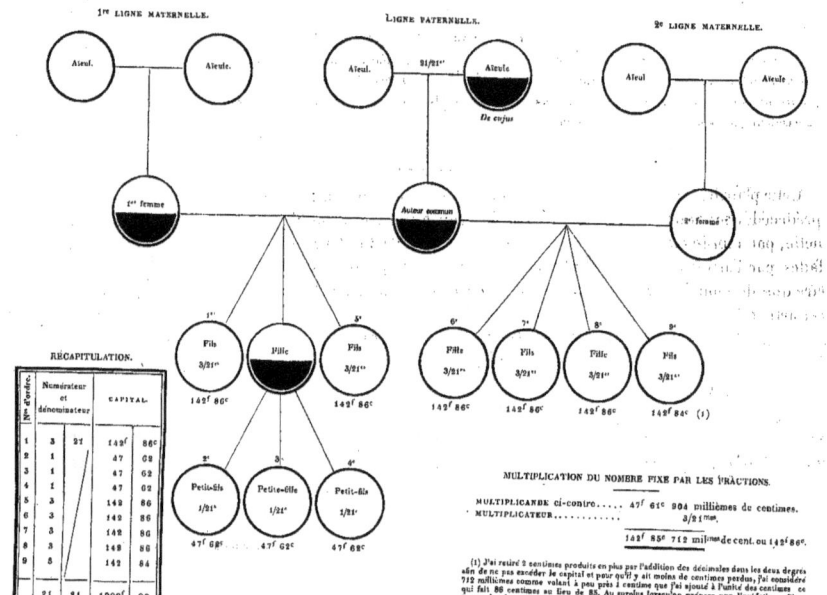

DES SUCCESSIONS DÉFÉRÉES AUX DESCENDANTS.

Vᵉ CATÉGORIE (Art. 745, Cod. civ.).

« Les enfants ou leurs descendants succèdent à leurs père et mère, *aïeuls*, *aïeules* ou autres ascendants, sans dis-
« tinction de sexe ni de primogéniture, *et encore qu'ils soient issus de différents mariages.*
« Ils succèdent par égales portions et par tête, quand ils sont tous au premier degré et appelés de leur chef : ils
« succèdent par souche lorsqu'ils viennent tous ou en partie *par représentation.* »

Cette planche est la répétition de la précédente, à la seule différence que l'auteur commun étant prédécédé, ses enfants et petits-enfants viennent à la succession de leurs aïeule et bisaïeule paternelle, par représentation de leurs mère et aïeul (art. 913 et 914, Cod. civ.); sauf les dispositions faites par l'aïeule en vertu de ces articles, quant à la portion disponible de ses biens qui ne peut être que de moitié (art. 1048, Cod. civ.); sauf également les dispositions permises aux termes de cet article.

ACTIF NET ET LIQUIDE DE LA SUCCESSION 1,000ᶠ 00ᶜ.

Combinaison arithmétique.

J'ai multiplié 7, nombre de souches,
par . . . . 3, division de la seconde souche,
ce qui m'a donné 21 pour dénominateur.

OPÉRATION POUR TROUVER LE NOMBRE FIXE (1).

Division du capital . . . . . . 1,000ᶠ 00ᶜ | 21 dénominateur.
160,
13, 0
0, 40
Restant . . . . . 19,000 (zéros ajoutés).
0,100
16 nombre abandonné.

Le multiplicande est de 47ᶠ 61ᶜ 904 millièmes de centimes pour chaque 21ᵐᵉ.

(1) Voir l'instruction page 96.

(24)

7ᵉ PLANCHE.

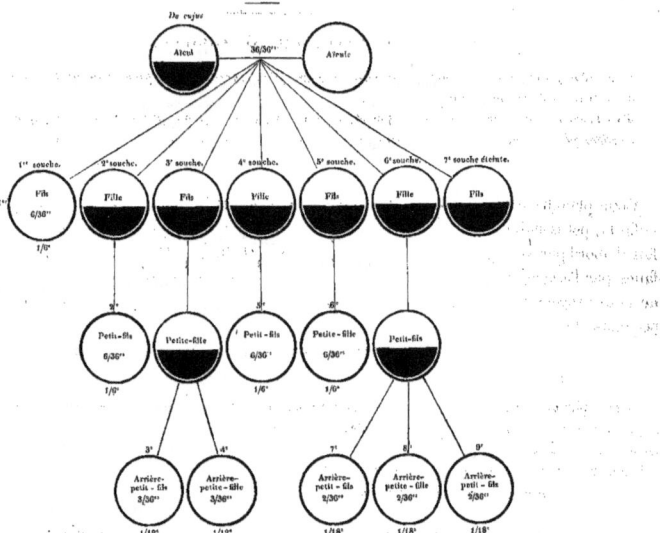

La division de la succession se faisant d'abord par souches, et les souches vivantes ou représentées étant au nombre de 6, il est attribué à chacune un 1/6ᵉ au total, lequel se subdivise, pour la troisième souche en 12ᵉˢ et pour la sixième souche en 18ᵉˢ; on voit que les dénominateurs sont 6, 12 et 18 et diffèrent par conséquent les uns des autres. Si cette comparaison était faite sur la planche 36ᵉ elle serait bien autrement sensible.

DES SUCCESSIONS DÉFÉRÉES AUX DESCENDANTS.

VIe CATÉGORIE (Art. 745, Cod. civ.).

« Les enfants ou leurs descendants succèdent à *leurs père, mère, aïeuls, aïeules ou autres ascendants*, sans distinc-
« tion de sexe ni de primogéniture.....
« Ils succèdent par égales portions et par tête, quand ils sont tous au premier degré et appelés de leur chef; *ils*
« *succèdent par souche, lorsqu'ils viennent tous ou en partie par représentation.* »

Cette planche explique ce que l'on entend par succéder par souches; l'ascendant laissant des enfants, petits-enfants et arrière-petits-enfants aux 2e et 3e degrés, la division de sa succession se fait d'abord par souches et ensuite par branches (art. 913 et 914, Cod. civ.); sauf les dispositions faites par l'ascendant aux termes de ces articles, quant à la portion disponible de ses biens, qui ne peut excéder le quart de sa succession (art. 1048, Cod. civ.); sauf également les dispositions permises en vertu de cet article.

OPÉRATION ARITHMÉTIQUE.

J'ai multiplié 6, nombre de souches vivantes ou représentées au premier degré, par 2, nombre de branches au troisième degré, ce qui m'a produit 12; ensuite ce nombre par 3, nombre de branches de la sixième souche, ce qui m'a donné 36 pour dénominateur.

L'opération pour trouver le multiplicande et faire la division du capital de la succession se fait, pour toutes les planches, comme à la précédente, et conformément à l'instruction page 9 6.

Nota. Pour faire sentir la différence et l'avantage de ma méthode sur celle plus généralement suivie, et ressortir ce qui a été dit à l'introduction page 6, j'ai mis l'une et l'autre manière d'opérer en objet de comparaison sur cette planche. Voir ci-contre l'explication de la division.

8ᵉ PLANCHE.

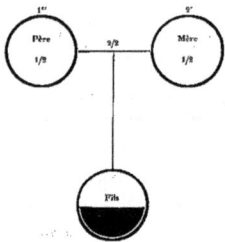

II.ᵉ ORDRE.

DES SUCCESSIONS DÉFÉRÉES AUX ASCENDANTS.

PREMIÈRE CATÉGORIE (Art. 746, Cod. civ.).

« Si le défunt n'a laissé ni postérité, ni frère, ni sœur, ni descendants d'eux, *la succession se divise par moitié entre les ascendants de la ligne paternelle et les ascendants de la ligne maternelle.* »

Le défunt n'ayant laissé ni postérité, ni frère, ni sœur, ni descendants d'eux, ses père et mère recueillent seuls sa succession, chacun par moitié (art. 915, Cod. civ.); sauf les dispositions par lui faites aux termes de cet article, quant à la portion disponible de ses biens, qui ne peut excéder la moitié de sa succession.

(28)

2ᵉ PLANCHE.

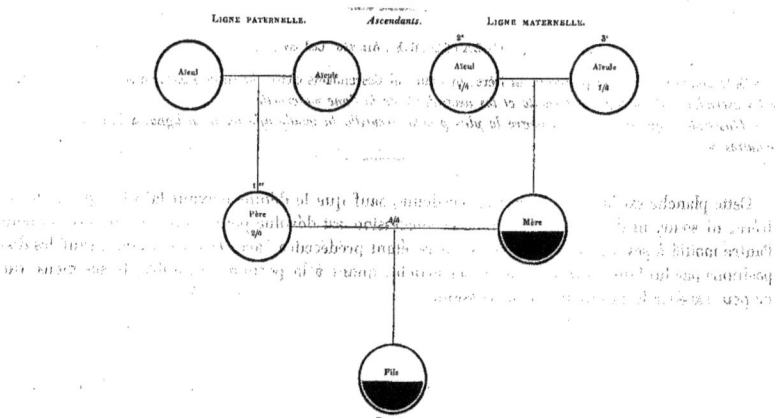

DES SUCCESSIONS DÉFÉRÉES AUX ASCENDANTS.

IIe CATÉGORIE (Art. 746, Cod. civ.).

« Si le défunt n'a laissé ni postérité, ni frère, ni sœur, ni descendants d'eux, la succession se divise par moitié entre
« les ascendants de la ligne paternelle et les ascendants de la ligne maternelle.
« L'ascendant qui se trouve au degré le plus proche recueille la moitié affectée à sa ligne, à l'exclusion de tous
« autres. »

Cette planche est la même que la précédente, sauf que le défunt n'ayant laissé ni postérité, ni frère, ni sœur, ni descendants d'eux, sa succession est dévolue pour moitié à son père, et pour l'autre moitié à ses aïeux maternels, sa mère étant prédécédée (art. 915, Cod. civ.); sauf les dispositions par lui faites aux termes de cet article, quant à la portion disponible de ses biens, qui ne peut excéder la moitié de sa succession.

10ᵉ PLANCHE.

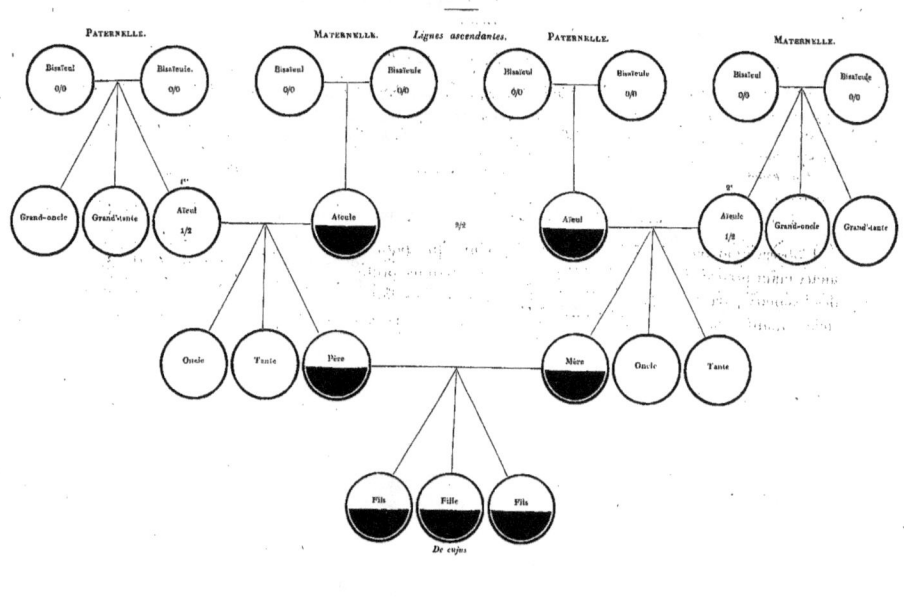

DES SUCCESSIONS DÉFÉRÉES AUX ASCENDANTS.

IIIe CATÉGORIE (Art. 741 et 746, Cod. civ.).

(Art. 741.) « La représentation n'a pas lieu en faveur des ascendants; *le plus proche dans chacune des deux lignes exclut toujours le plus éloigné.* »

(Art. 746.) « Si le défunt n'a laissé *ni postérité, ni frère, ni sœur, ni descendants d'eux,* la succession se divise par moitié entre les ascendants de la ligne paternelle et les ascendants de la ligne maternelle.

« *L'ascendant qui se trouve au degré le plus proche recueille la moitié affectée à sa ligne, à l'exclusion de tous autres.* »

L'observation pour cette planche est la même que pour la précédente, sauf que plusieurs des aïeux étant prédécédés, la part qui leur serait attribuée profite aux aïeux survivants, à l'exclusion des bisaïeux (art. 915, Cod. civ.); sauf les dispositions faites par le défunt aux termes de cet article, quant à la portion disponible de ses biens, qui ne peut excéder la moitié de sa succession.

(32)

11ᵉ PLANCHE.

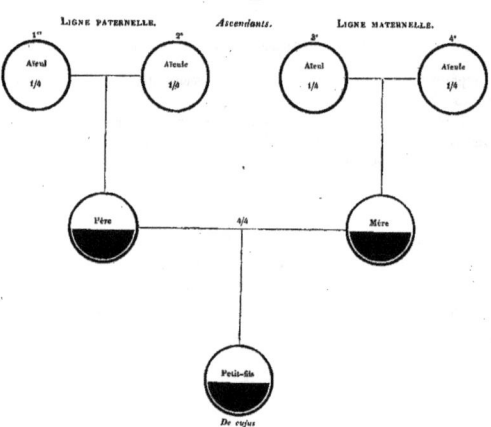

DES SUCCESSIONS DÉFÉRÉES AUX ASCENDANTS.

IV₀ CATÉGORIE (Art. 746, Cod. civ.).

« Si le défunt n'a laissé ni postérité, ni frère, ni sœur, ni descendants d'eux, la succession se divise par moitié entre
« les ascendants de la ligne paternelle et les ascendants de la ligne maternelle.
« *Les ascendants succèdent par tête.* »

Les père et mère du défunt étant prédécédés, et ce dernier ne laissant que ses aïeux paternels et maternels au même degré, sa succession se divise entre eux par égales portions et par tête (art. 915, Cod. civ.); sauf les dispositions faites par le défunt aux termes de cet article, quant à la portion disponible de ses biens, qui ne peut excéder la moitié de sa succession.

(34)

12ᵉ PLANCHE.

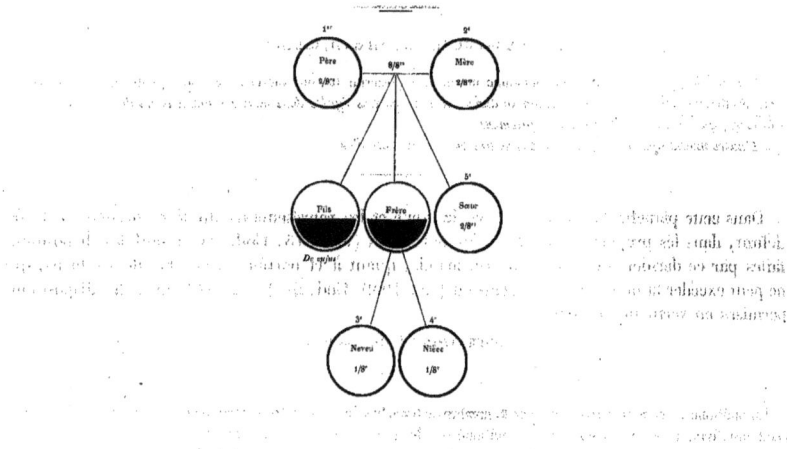

DES SUCCESSIONS DÉFÉRÉES AUX ASCENDANTS.

Ve CATÉGORIE (Art. 748 et 751, Cod. civ.).

« Lorsque les père et mère d'une personne morte sans postérité lui ont survécu, si elle a laissé des frères, sœurs, « ou des descendants d'eux, *la succession se divise en deux parties égales dont moitié seulement est déférée au père et à* « *la mère, qui la partagent entr'eux également.*
« *L'autre moitié appartient aux frères, sœurs ou descendants d'eux.* »

Dans cette planche les père et mère, la sœur et les représentants du fère héritent seuls du défunt, dans les proportions déterminées par la loi (art. 915, Cod. civ.); sauf les dispositions faites par ce dernier aux termes de cet article, quant à la portion disponible de ses biens, qui ne peut excéder la moitié de sa succession (art. 1049, Cod. civ.); sauf également les dispositions permises en vertu de cet article.

OPÉRATION (1er CAS, page 92).

J'ai multiplié 2, nombre de souches, par 2, nombre de branches de la première souche, ce qui m'a produit 4; ce nombre étant insuffisant pour la division, je l'ai multiplié par le dénominateur 2, parce que la succession se fractionne par moitié, ce qui m'a donné 8 pour véritable dénominateur. (Voir la 8e observation, page 91.)

(36)
13ᵉ PLANCHE.

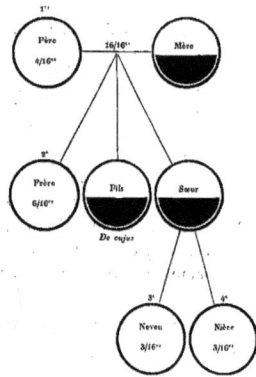

DES SUCCESSIONS DÉFÉRÉES AUX ASCENDANTS.

VIe CATÉGORIE (Art. 749 et 751, Cod. civ.).

(Art. 749.) « Dans le cas où la personne morte sans postérité laisse des frères, sœurs ou des descendants d'eux,
« si le père ou la mère est prédécédé, *la portion qui lui aurait été dévolue conformément au précédent article se réunit*
« *à la moitié déférée aux frères, sœurs, ou à leurs représentants.* »

Dans cette planche, le défunt ne laisse que son père, un frère, un neveu et une nièce, ces deux derniers par représentation de leur mère prédécédée, et tous appelés à recueillir sa succession dans les proportions déterminées par la loi (art. 915, Cod. civ.); sauf les dispositions faites par le défunt aux termes de cet article, quant à la portion disponible de ses biens, qui ne peut excéder les trois quarts de sa succession (art. 1049, Cod. civ.); sauf également les dispositions permises en vertu de cet article.

OPÉRATION (2e CAS, page 92).

J'ai multiplié 2, nombre de souches, par 2, nombre de branches de la seconde souche, ce qui m'a produit 4; ce nombre étant insuffisant pour la division, je l'ai multiplié par le dénominateur 4, parce que la succession se fractionne par quart (voir la 8e observation, page 91), ce qui m'a procuré 16 pour véritable dénominateur; par conséquent 1/4 ou 4/16 au père, et pour les 3/4 ou 12/16 restant, 6/16 à chaque souche, ou 3/16 au total pour chaque branche de la seconde souche.

Nota. Dans toutes les généalogies où le nombre de branches ou de divisions de branches est pair, l'opération se fait comme dessus, parce que le dénominateur obtenu peut toujours se fractionner par quart et se diviser convenablement ensuite; mais s'il y a un seul nombre de branches ou de divisions de branches impair, il faut alors faire l'opération comme à la planche 17, c'est-à-dire, prendre le tiers du produit pour avoir le quart de l'ascendant en même dénomination de fractions.

(38)

16ᵉ PLANCHE.

Ligne paternelle.   *Ascendants.*   *Ligne maternelle.*

Aïeul — Aïeule   Aïeul — Aïeule

Oncle   Père — Mère   Oncle   Tante

Frère   Sœur   Frère
              De cujus

Cousin germain

1ᵉʳ Neveu 1/4   2ᵉ Nièce 1/4

III.e ORDRE.

DES SUCCESSIONS COLLATÉRALES.

PREMIÈRE CATÉGORIE (Art. 750, Cod. civ.).

« En cas de prédécès des père et mère d'une personne morte sans postérité, ses frères, sœurs, ou leurs descendants, « sont appelés à la succession, *à l'exclusion des ascendants et des autres collatéraux.*
« *Ils succèdent ou de leur chef ou par représentation.* »

Dans cette planche, les père et mère du défunt sont prédécédés, ce dernier, mort sans postérité, ne laisse pour héritiers de sa succession que sa sœur et deux neveu et nièce, ces derniers par représentation de leur père, lesquels recueillent sa succession dans les proportions déterminées par la loi, à l'exclusion des ascendants et des parents collatéraux (art. 916, C. civ.); sauf les dispositions faites par le défunt aux termes de cet article, quant à la portion disponible de ses biens, dont la totalité peut être épuisée.

Nota. Dans cette catégorie, les ascendants n'ont pas droit à une réserve légale, puisqu'ils sont exclus par des héritiers collatéraux; par conséquent, la donation, en recevant son effet, n'est préjudiciable qu'à ces derniers.

(40)

15ᵉ PLANCHE.

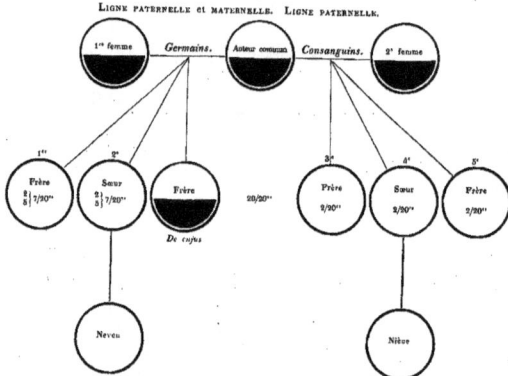

DES SUCCESSIONS COLLATÉRALES.

IIe CATÉGORIE (Art. 750 et 752, Cod. civ.).

(Art. 750.) « En cas de prédécès des père et mère d'une personne morte sans postérité, ses frères, sœurs, ou leurs « descendants, sont appelés à la succession, à l'exclusion des ascendants et des autres collatéraux. »

(Art. 752.) « Le partage..... *S'ils sont de lits différents,* la division se fait par moitié entre les deux lignes paternelle « et maternelle du défunt; *les germains prennent part dans les deux lignes, et les utérins ou consanguins chacun dans* « *leur ligne seulement......* »

Dans cette planche, le défunt ne laissant ni père ni mère, ni descendants, sa succession se divise entre ses frères et sœurs, germains et consanguins (art. 916, Cod. civ.); sauf les dispositions faites par le défunt aux termes de cet article, quant à la portion disponible de ses biens, dont la totalité peut être épuisée (art. 1049, Cod. civ.); sauf également les dispositions permises en vertu de cet article.

OPÉRATION (1er CAS, pages 92 et 93).

J'ai multiplié 5, nombre de souches germaines et consanguines partageant ensemble dans la ligne paternelle, par 2, nombre de souches germaines partageant seules dans la ligne maternelle, ce qui m'a produit 10; ensuite ce nombre, qui s'est trouvé insuffisant, par le dénominateur 2, parce que la succession se fractionne par moitié entre les deux lignes, ce qui m'a donné 20 pour véritable dénominateur. (Voir la 8e observation, page 91).

(42)

16ᵉ PLANCHE.

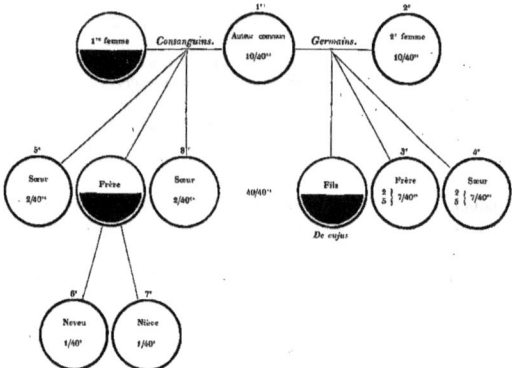

DES SUCCESSIONS COLLATÉRALES.

IIIe CATÉGORIE (Art. 751 et 752, Cod. civ.).

(Art. 751.) « *Si les père et mère de la personne morte sans postérité lui ont survécu, ses frères, sœurs, ou leurs* « *représentants, ne sont appelés qu'à la moitié de la succession.* »

(Art. 752.) « Le partage..... *S'ils sont de lits différents,* la division se fait par moitié entre les deux lignes paternelle « et maternelle du défunt; *les germains prennent part dans les deux lignes, et les utérins ou consanguins chacun dans* « *leur ligne seulement.* »

Dans cette planche, le défunt ne laissant pas de descendants et ayant ses père et mère, des frères, sœurs, neveu et nièce germains et consanguins, ils recueillent seuls sa succession dans les proportions déterminées par la loi (art. 915, Cod. civ.); sauf les dispositions faites par le défunt aux termes de cet article, quant à la portion disponible de ses biens, qui ne peut excéder la moitié de sa succession (art. 1049, Cod. civ.); sauf également celles faites et permises par cet article.

OPÉRATION (2e CAS, page 93).

J'ai multiplié 5, nombre de souches germaines et consanguines partageant ensemble dans la ligne paternelle, par 2, nombre de souches germaines partageant seules dans la ligne maternelle, ce qui m'a donné 10; ensuite ce nombre par 2, nombre de branches de la seconde souche, ce qui m'a produit 20. Ce nombre étant trop faible pour la division, je l'ai multiplié par le dénominateur 2, parce que la succession se fractionne par moitié entre les ascendants et les collatéraux, et j'ai eu 40 pour véritable dénominateur. (Voir la 8e observation, page 91).

Nota. Dans cette planche, les germains sont les enfants du second lit, comme frères de père et mère du *de cujus* (voir page 11.).

(44)

17ᵉ PLANCHE.

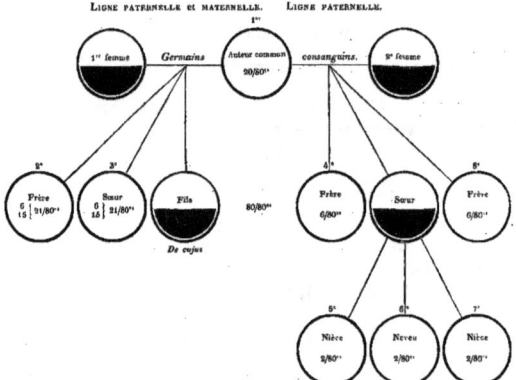

DES SUCCESSIONS COLLATÉRALES.

IVe CATÉGORIE (Art. 751 et 752, Cod. civ.).

(Art. 751.) . . . . . « *Si le père ou la mère seulement a survécu, ils sont appelés à recueillir les trois quarts.* »
(Art. 752.) « Le partage . . . . . . *S'ils sont de lits différents*, la division se fait par moitié entre les deux lignes pater-
« nelle et maternelle du défunt; les germains prennent part dans les deux lignes, et les utérins ou consanguins chacun
« dans leur ligne seulement. »

Dans cette planche, le défunt n'ayant plus que son père, des frères, sœurs, neveux et nièces germains et consanguins, sa succession se partage entre eux dans les proportions déterminées par la loi (art. 915, Cod. civ.); sauf les dispositions faites par le défunt aux termes de cet article, quant à la portion disponible de ses biens, qui ne peut excéder les trois quarts de sa succession (art. 1049, Cod. civ.); sauf également celles faites et permises en vertu de cet article.

OPÉRATION (3e CAS, page 94).

J'ai multiplié 5, nombre de souches germaines et consanguines partageant ensemble dans la ligne paternelle, par 2, nombre de souches germaines dans la ligne maternelle, ce qui m'a produit 10; ensuite ce nombre par 3, division de la 4e souche, ce qui m'a donné 30. Ce nombre étant insuffisant pour la division, je l'ai multiplié par le dénominateur 2, parce que la succession se fractionne par moitié entre les deux lignes, ce qui m'a procuré 60 ou les 3/4 du dénominateur; pour avoir le quart de l'auteur commun, j'ai pris le tiers de 60, par conséquent 20; ces deux nombres additionnés ensemble m'ont donné le dénominateur 80. (Voir la 8e observation, page 91).

Nota. Dans cette planche, les germains sont du premier lit, comme frères de père et de mère du *de cujus* (voir p. 11).
Dans toutes les généalogies où le nombre de branches ou de divisions de branches est impair, l'opération se fait comme dessus, parce que le dénominateur obtenu ne peut se diviser convenablement; mais si les nombres de branches ou de divisions de branches sont pairs, il faut alors faire l'opération comme à la planche 13me.

(46)

18ᵉ PLANCHE.

DES SUCCESSIONS COLLATÉRALES.

Ve CATÉGORIE (Art. 751 et 752, Cod. civ.).

(Art. 751.)..... « Si le père ou la mère seulement a survécu, ils sont appelés à recueillir les trois quarts. »
(Art. 752.) « Le partage..... *S'ils sont de lits différents*, la division se fait par moitié entre les deux lignes pater-
« nelle et maternelle du défunt; les germains prennent part dans les deux lignes, *et les utérins* ou consanguins chacun dans
« leur ligne seulement : *s'il n'y a de frères ou sœurs que d'un côté, ils succèdent à la totalité, à l'exclusion de tous autres*
« *parents de l'autre ligne.* »

Dans cette planche figurent tous les membres de la famille du défunt; sa mère, et ses frères germains entre eux et utérins à son égard, recueillent seuls sa succession dans les proportions déterminées par la loi (art 915, Cod civ.); sauf les dispositions faites par le défunt aux termes de cet article, quant à la portion disponible de ses biens, qui ne peut excéder les trois quarts de sa succession (art. 1049, Cod. civ.); sauf également celles permises en vertu de cet article.

(48)

19ᵉ PLANCHE.

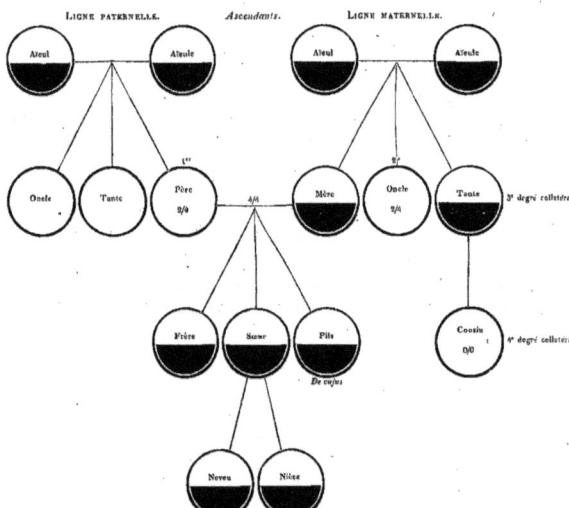

DES SUCCESSIONS COLLATÉRALES.

VIe CATÉGORIE (Art. 753 et 754, Cod. civ.).

(Art. 753.) « A défaut de frères ou sœurs, ou de descendants d'eux, et à défaut d'ascendants dans l'une ou l'autre
« ligne, *la succession est déférée pour moitié aux ascendants survivants, et pour l'autre moitié aux parents les plus proches*
« *de l'autre ligne.* »

(Art. 754.) « Dans le cas de l'article précédent, le père ou la mère survivant à l'usufruit du tiers des biens auxquels il
« ne succède pas en propriété. »

Dans cette planche, le défunt ne laissant ni postérité ni frères ni sœurs, ni descendants d'eux, mais seulement son père et des parents collatéraux dans la ligne maternelle, sa succession se divise par moitié entre les deux lignes paternelle et maternelle, dont une moitié au père et l'autre moitié à l'oncle, comme le plus proche à l'exclusion du cousin maternel (art. 915); sauf les dispositions faites par le défunt, aux termes de cet article, quant à la portion disponible de ses biens, qui ne peut excéder les trois quarts de sa succession.

(50)

20ᵉ PLANCHE.

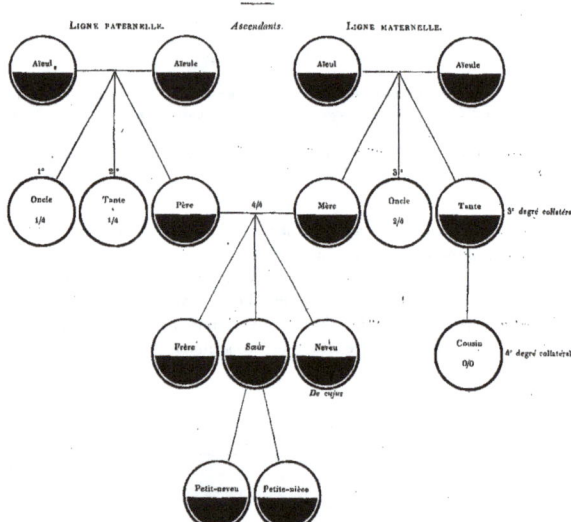

DES SUCCESSIONS COLLATÉRALES.

VII.ᵉ CATÉGORIE (Art. 753, Cod. civ.).

« A défaut de frères ou sœurs, ou de descendants d'eux, et à défaut d'ascendants dans l'une ou l'autre ligne, la suc-
« cession est déférée pour moitié aux ascendants survivants, et pour l'autre moitié aux parents *les plus proches de*
« *l'autre ligne.*
« *S'il y a concours de parents collatéraux au même degré, ils partagent par tête.* »

Dans cette planche, le défunt n'ayant laissé ni postérité, ni frères, ni sœurs, ni descendants d'eux, et ses ascendants étant également prédécédés, ses parents collatéraux les plus proches dans chacune des deux lignes paternelle et maternelle recueillent seuls sa succession, à l'exclusion du cousin maternel, qui se trouve à un dégré plus éloigné (art. 916); sauf les dispositions par lui faites aux termes de cet article, quant à la totalité de sa succession.

(52)
21ᵉ PLANCHE.

Ascendants.

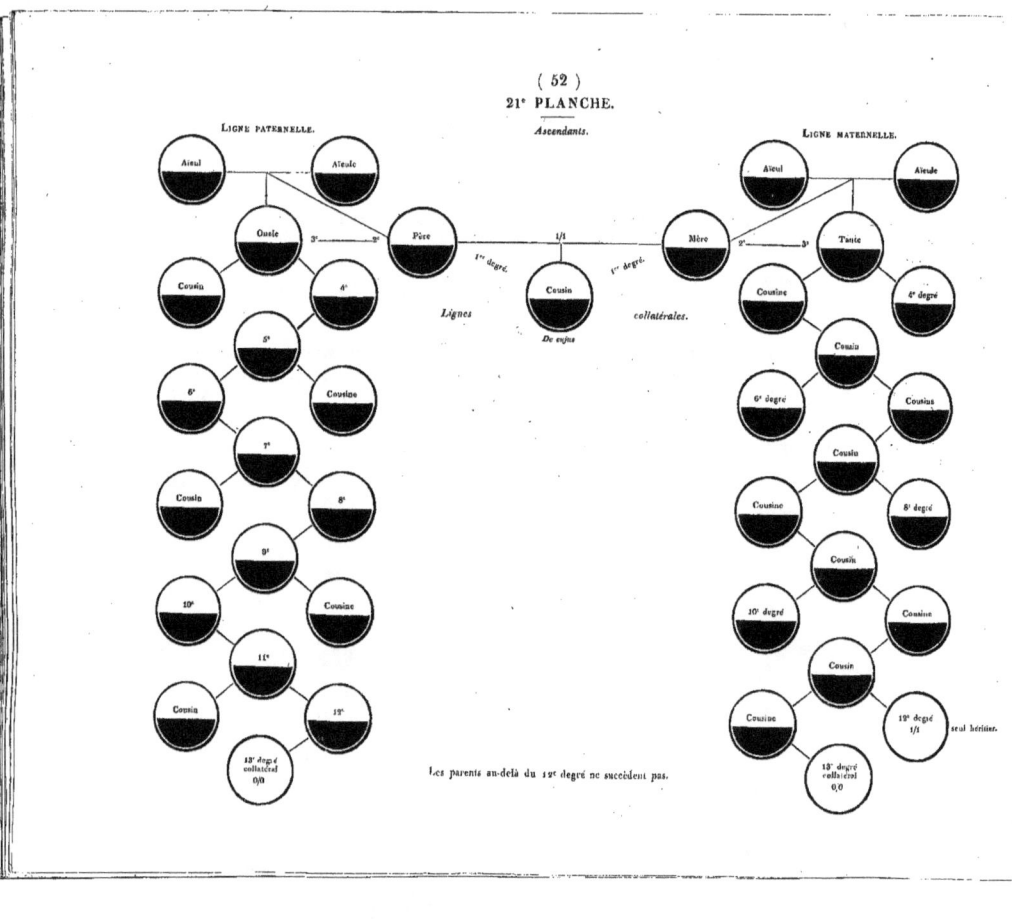

DES SUCCESSIONS COLLATÉRALES.

VIIIᵉ CATÉGORIE (Art. 753 et 755, Cod. civ.).

(Art. 753.) « A défaut de frères ou sœurs, ou de descendants d'eux, et à défaut d'ascendants dans l'une ou l'autre « ligne, la succession est déférée pour moitié aux ascendants survivants, et pour l'autre moitié aux parents les plus « proches de l'autre ligne.
« S'il y a concours de parents collatéraux au même degré, ils partagent par tête. »
(Art 755.) « *Les parents au-delà du douzième degré ne succèdent pas.*
« *A défaut de parents au degré successible dans une ligne, les parents de l'autre ligne succèdent pour le tout.* »

Dans cette planche, le défunt ne laissant ni postérité, ni frères, ni sœurs, ni ascendants, ni collatéraux au degré successible dans la ligne paternelle, et les ascendants de la ligne maternelle étant prédécédés, sa succession se trouve dévolue à ses héritiers collatéraux dans cette dernière ligne, jusques et compris le douzième degré seulement (art. 916, Cod. civ.); sauf les dispositions faites par le défunt aux termes de cet article, quant à la totalité de sa succession.

(54)

22ᵉ PLANCHE.

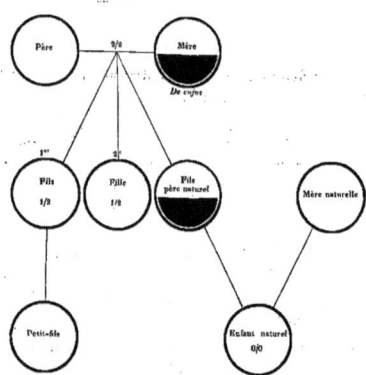

IVᴱ ORDRE.

DES SUCCESSIONS IRRÉGULIÈRES.

PREMIÈRE CATÉGORIE (Art. 756, Cod. civ.).

« Les enfants naturels ne sont point héritiers; la loi ne leur accorde de droits sur les biens de leur père ou mère dé-
« cédés, que lorsqu'ils ont été légalement reconnus; *elle ne leur accorde aucun droit sur les biens des parents de leur*
« *père ou mère.* »

La représentation n'étant pas admise en faveur des enfants naturels, les frère et sœur du père naturel, ou leurs représentants, héritent seuls de la succession de leur mère, à laquelle l'enfant naturel n'a aucun droit (art. 913, Cod. civ.); sauf les dispositions faites par la défunte, aux termes de cet article, quant à la portion disponible de ses biens, qui ne peut excéder le quart de sa succession (art. 1048, Cod. civ.); sauf également celles faites et permises en vertu de cet article.

(56)

23ᵉ PLANCHE.

De cujus

Naturel. Auteur commun *Légitimes.*

Mère naturelle — Mère légitime

36/36ᵉˢ

Fils naturel reconnu
3/36ᵉˢ

1ʳᵉ Fille
9/2 | 11/36ᵉˢ

2ᵉ Fils
9/2 | 11/36ᵉˢ

3ᵉ Fille
9/2 | 11/36ᵉˢ

Petit-fils — Petite-fille

DES SUCCESSIONS IRRÉGULIÈRES.

IIe CATÉGORIE (Art. 757, Cod. civ.).

« Le droit de l'enfant naturel sur les biens de ses père ou mère décédés est réglé ainsi qu'il suit :
« Si le père ou la mère a laissé des descendants légitimes, *ce droit est d'un tiers de la portion héréditaire que l'enfant*
« *naturel aurait eue s'il eût été légitime.* »

L'enfant naturel n'étant pas considéré comme héritier, mais seulement comme ayant un droit dans la succession de son père naturel, recueillie par des enfants légitimes de ce dernier, ce droit est un, comme la succession est une, c'est-à-dire que prélèvement fait de ce droit sur la succession, le reste compose alors la succession ; néanmoins, on peut faire correspondre ce droit de l'enfant naturel avec un dénominateur commun pour toutes les fractions de la succession (art. 913, Cod. civ.) ; sauf les dispositions faites par le défunt aux termes de cet article, quant à la portion disponible de ses biens, qui ne peut excéder le quart de ce qui compose réellement sa succession (art. 1048, Cod. civ.) ; sauf également celles faites et permises en vertu de cet article.

OPÉRATION ARITHMÉTIQUE.

J'ai multiplié 4, nombre d'enfants naturel et légitimes, par 3, dénominateur de 3/3, ce qui m'a donné 12. Ensuite, ce produit par 3, nombre d'enfants légitimes, ce qui m'a procuré 36 pour véritable dénominateur.

Nota. Voir l'instruction page 95.

(58)

24ᵉ PLANCHE.

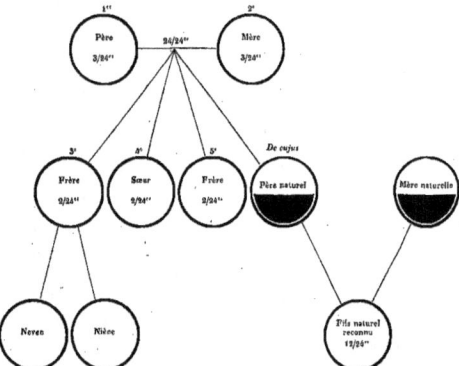

DES SUCCESSIONS IRRÉGULIÈRES.

IIIᵉ CATÉGORIE (Art. 757, Cod. civ.).

« Le droit de l'enfant naturel sur les biens de ses père ou mère décédés est réglé ainsi qu'il suit :
« *Il est de la moitié lorsque les père ou mère ne laissent pas de descendants, mais bien des ascendants ou des*
« *frères ou sœurs.* »

Dans cette planche, l'enfant naturel a droit à la moitié de la succession; l'autre moitié, qui représente réellement la succession, se partage entre les père et mère, frères et sœur du défunt dans les proportions établies par la loi (article 913, Cod. civ.); sauf les dispositions faites par le défunt, aux termes de cet article, quant à la portion disponible de ses biens, qui ne peut excéder la moitié de ce qui se trouve composer réellement sa succession, déduction faite du droit de l'enfant naturel (art. 1049, Cod. civ.); sauf également celles faites et permises en vertu de cet article.

OPÉRATION ARITHMÉTIQUE.

J'ai multiplié 3, nombre de frères et sœur, par le dénominateur 4, parce que la succession se fractionne par quart entre les ascendants et les collatéraux, ce qui m'a donné 12, nombre partageable entre les héritiers pour la moitié de la succession, et ensuite ce nombre par le dénominateur 2, parce que la succession se fractionne par moitié au profit de l'enfant naturel, ce qui m'a procuré le dénominateur 24, lequel a été divisé dans les proportions déterminées par la loi, comme ci-contre. (Voir la 8ᵉ observation, page 91.)

(60)

25ᵉ PLANCHE.

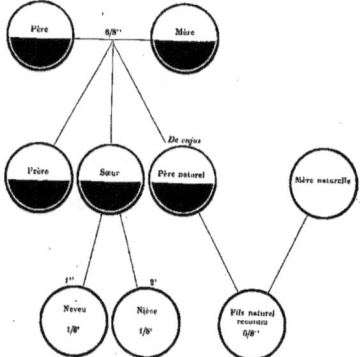

DES SUCCESSIONS IRRÉGULIÈRES.

IVe CATÉGORIE (Art. 757, Cod. civ.).

« Le droit de l'enfant naturel sur les biens de ses père ou mère décédés est réglé ainsi qu'il suit :
« Il est des trois quarts lorsque les père ou mère ne laissent ni ascendants, ni descendants, ni frères, ni sœurs. »

Dans cette planche, l'enfant naturel a droit aux trois quarts de la succession, son père étant décédé ne laissant ni ascendants, ni descendants, ni frères, ni sœurs, mais seulement des neveu et nièce, qui héritent entre eux également du quatrième quart composant réellement la succession (art. 913, Cod. civ.); sauf les dispositions faites par le défunt, aux termes de cet article, quant à la portion disponible de ses biens.

OPÉRATION ARITHMÉTIQUE.

J'ai multiplié 2, nombre de branches de la seconde souche, par le dénominateur 4, parce que la succession se fractionne en quarts, ce qui m'a donné 8 pour véritable dénominateur ; par conséquent 6/8 ou 3/4 de 8 à l'enfant naturel, et 1/8e à chaque neveu.

Nota. Voir la 8e observation, page 91.

(62)

26ᵉ PLANCHE.

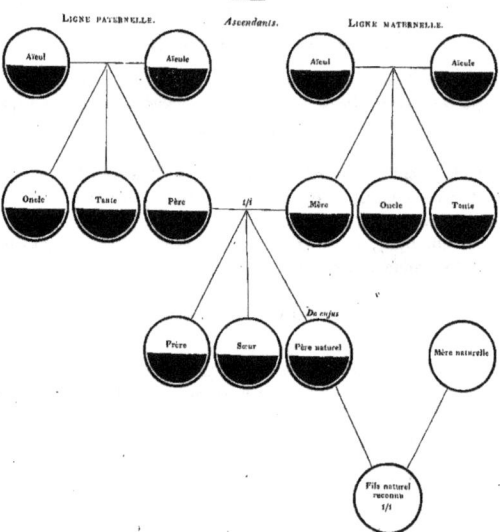

DES SUCCESSIONS IRRÉGULIÈRES.

Vᵉ CATÉGORIE (Art. 758, Cod. civ.).

« L'enfant naturel a droit à la totalité des biens, lorsque ses père ou mère ne laissent pas de parents au degré suc-
« cessible. »

Dans cette planche, le défunt ne laissant aucun parent au degré successible dans les deux lignes, l'enfant naturel appréhende seul la totalité de la succession.

Nota. Les art. 757 et 758 du Code civil établissent les catégories des droits des enfants naturels sur les biens de leur père et mère décédés; l'art. 761 du même Code permet aux père et mère de réduire de leur vivant le droit de l'enfant naturel en lui précomptant moitié de ce droit par anticipation : cet article modifie par conséquent ceux qui précèdent, et l'article 913, Cod. civ., établit aussi les catégories relatives à la portion disponible. En comparant ensemble ces diverses dispositions on remarque qu'elles sont entachées ou de contradiction ou soumises à une interprétation tout à fait arbitraire; car si de son vivant le père de l'enfant naturel n'a pas usé de la faculté que lui accorde l'art. 761, il semble que les dispositions des art. 757 et 758 doivent alors recevoir leur entière exécution, et qu'aux termes mêmes de ces derniers articles il n'est pas permis au père naturel de disposer de la portion déterminée par l'art. 913 : dans cette hypothèse, l'enfant naturel se trouverait plus avantagé par la loi que l'enfant légitime. Le législateur n'a pu le vouloir ni l'entendre ainsi. Le mot *droit* de l'enfant naturel signifierait plutôt *de préférence à tout autre*, à l'État par exemple dans le cas de décès *ab intestat*; mais la réserve légale de l'enfant naturel ne doit sans doute pas excéder celle de l'enfant légitime : dans l'espèce elle peut tout au plus l'égaliser. Cette observation s'applique également à la 25ᵐᵉ planche.

(64)

27ᵉ **PLANCHE**.

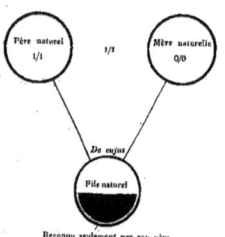

Reconnu seulement par son père.

DES SUCCESSIONS IRRÉGULIÈRES.

VIᵉ CATÉGORIE (Art. 765, Cod. civ.).

« La succession de l'enfant naturel décédé sans postérité est dévolue *au père ou à la mère qui l'a reconnu*. »

La loi veut que, pour recueillir la succession de l'enfant naturel, ses père ou mère l'aient reconnu ; dans cette planche, cette reconnaissance n'ayant été faite que par le père, lui seul recueille la succession de son fils naturel (art. 915, Cod. civ.); sauf les dispositions faites par le défunt, aux termes de cet article, quant à la portion disponible de ses biens, qui ne peut excéder les trois quarts de sa succession.

Nota. La mère naturelle n'a droit à la réserve légale qu'autant qu'elle est apte à recueillir.

(66)

28ᵉ PLANCHE.

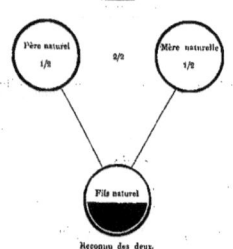

Reconnu des deux.

DES SUCCESSIONS IRRÉGULIÈRES.

VII.ᵉ CATÉGORIE (Art. 765, Cod. civ.).

« La succession de l'enfant naturel décédé sans postérité est dévolue au père ou à la mère qui l'a reconnu, *ou par moitié à tous les deux s'il a été reconnu par l'un et par l'autre.* »

Dans cette planche, les père et mère de l'enfant naturel l'ayant tous deux reconnu, ils appréhendent sa succession chacun par moitié (art. 915, Cod. civ.); sauf les dispositions faites par le défunt, aux termes de cet article, quant à la portion disponible de ses biens, qui ne peut excéder la moitié de sa succession.

29ᵉ PLANCHE.

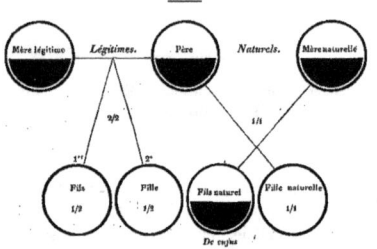

DES SUCCESSIONS IRRÉGULIÈRES.

VIII.e CATÉGORIE (Art. 766, Cod. civ.).

« En cas de prédécès des père et mère de l'enfant naturel, *les biens qu'il en avait reçus passent aux frères ou sœurs légitimes*, s'ils se retrouvent en nature dans la succession; *les actions en reprise*, s'il en existe, *ou le prix de ces biens aliénés*, s'il en est encore dû, retournent également aux frères et sœurs légitimes.

« *Tous les autres biens passent aux frères et sœurs naturels, ou à leurs descendants.* »

Dans cette planche, les père et mère de l'enfant naturel sont prédécédés, il est lui-même décédé sans postérité; ses frère et sœur légitimes reprennent tout ce qu'il a reçu de ses père et mère, et se le partagent entre eux également; tout ce qu'il a acquis de son vivant et personnellement appartient en totalité à sa sœur aussi naturelle (art. 916 et 1049, Cod. civ.); sauf les dispositions faites par le défunt, aux termes de ces articles, quant à sa succession.

(70)

30ᵉ PLANCHE.

OUVERTURE DE SUCCESSION AU PROFIT DE COLLATÉRAUX GERMAINS, CONSANGUINS ET UTÉRINS.

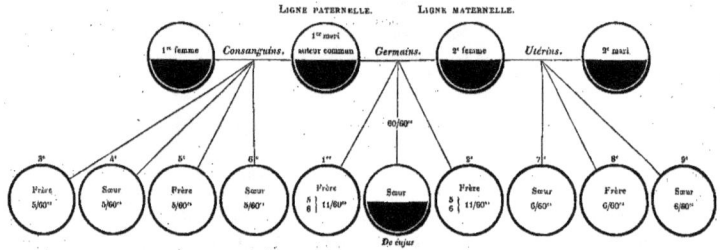

OPÉRATION ARITHMÉTIQUE.

Ligne paternelle.. 6, nombre de germains et consanguins. (1)
Ligne maternelle.. 5, nombre de germains et utérins.

30.

Multipliés par.... 2, dénominateur. (Voir la 8ᵉ observation, page 91.)

60, véritable dénominateur.

(1) J'ai supprimé l'emploi de 2, nombre des germains, comme étant sous-multiple de 6, nombre des consanguins. (Voir la 10ᵉ observation, page 94.)

RÉCAPITULATION.

1ᵉʳ germain.......	1° dans la ligne paternelle.....5		11	60
	2° dans la ligne maternelle....6			
2ᵉ germain........	1° dans la ligne paternelle.....5		11	
	2° dans la ligne maternelle....6			
3ᵉ consanguin dans la ligne paternelle...............			5	
4ᵉ Idem.................................			5	
5ᵉ Idem.................................			5	
6ᵉ Idem.................................			5	
7ᵉ utérin dans la ligne maternelle................			6	
8ᵉ Idem.................................			6	
9ᵉ Idem.................................			6	
			60	60

RÉUNION DE CATÉGORIES.

(Art. 752.) « Le partage...... *S'ils sont de lits différents*, la division se fait par moitié entre les deux lignes « paternelle et maternelle du défunt; les germains prennent part dans *les deux lignes*, et les utérins ou consanguins chacun « dans *leur ligne seulement.* »

Cette planche représente un des cas les plus compliqués en matière de partage de succession; les germains sont frères de père seulement avec les consanguins, et de mère seulement avec les utérins. Placés au centre des deux lignes paternelle et maternelle, ils recueillent dans chacune d'elles, avec les consanguins d'une part, et les utérins de l'autre. *Il n'existe aucun degré de parenté entre les consanguins et les utérins.*

EXPLICATION DE L'OPÉRATION CI-CONTRE.

Après avoir cherché et trouvé le dénominateur commun par les principes arithmétiques ci-contre, j'ai divisé le dénominateur par moitié; 30/60es ont été attribués à la ligne paternelle des germains et consanguins et 30/60es à la ligne maternelle des germains et utérins. Les germains et consanguins ont pris chacun 1/6e ou 5/60es au total dans la ligne paternelle; les 30/60es attribués à la ligne maternelle ont été divisés entre les germains et utérins; ils y ont pris chacun 1/5e ou 6/60es au total; il est par conséquent revenu aux germains dans les deux lignes 11/60es au total.

(72)

31ᵉ PLANCHE.

OUVERTURE DE SUCCESSION AU PROFIT D'UN ASCENDANT ET DE COLLATÉRAUX GERMAINS ET CONSANGUINS ET ENFANTS NATURELS.

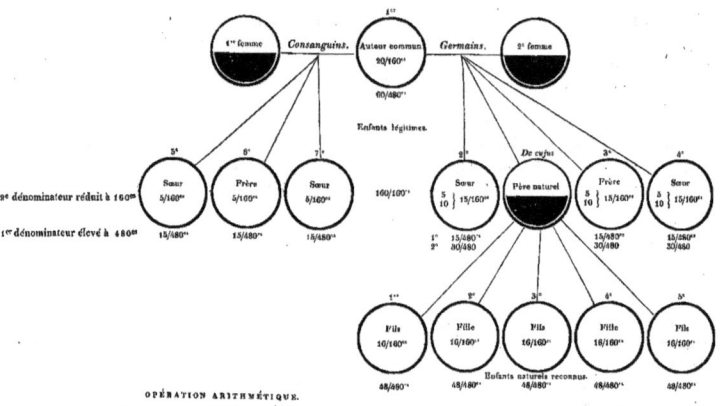

OPÉRATION ARITHMÉTIQUE.

                6 , nombre de souches germaines et consanguines.
Sous-multiple supprimé.. (3), nombre de souches germaines. (Voir la 10ᵉ observation, page 94.)
Multipliés par.......... 4 , dénominateur de 3/4. (Voir la 8ᵉ observation, page 91.)
              24
              8 , 1/3 pour former le 1/4 de l'auteur commun (Voir page 94 et les *Nota*, pages 37 et 45.)
            32 , addition des deux nombres.
Multipliés par.......... 5 , nombre d'enfants naturels.
          160ᵐᵉ , véritable dénominateur.

RÉUNION DE CATÉGORIES.

(Art. 751, Cod. civ.) « Si le père ou la mère seulement a survécu, ils sont appelés à recueillir les trois quarts.

(Art. 752, Cod. civ.) « Le partage.... *S'ils sont de lits différents*, la division se fait par moitié entre les deux lignes « *paternelle et maternelle du défunt;* les germains prennent part dans *les deux lignes*, et les utérins ou consanguins *chacun* « *dans leur ligne seulement.* »

(Art. 757, Cod. civ.) « Le droit de l'enfant naturel sur les biens de ses père ou mère décédés est réglé ainsi qu'il suit : « Il est de la moitié lorsque les père ou mère ne laissent pas de descendants (légitimes), mais bien des ascendants « ou des frères ou sœurs. »

Dans cette planche, le défunt laisse un ascendant, des frères et sœurs germains et consanguins pour ses seuls héritiers et cinq enfants naturels; ces derniers ayant droit conjointement à la moitié, ils se la partagent entre eux par cinquième; l'autre moitié qui compose la succession se partage entre l'ascendant et les frères et sœurs germains et consanguins du défunt dans les proportions déterminées par la loi; sauf les dispositions faites et permises, aux termes des articles 915 et 1049, Cod. civ.

FAUSSE APPLICATION DES PRINCIPES ARITHMÉTIQUES.

Le nombre de souches germaines et consanguines réunies dans la ligne paternelle étant 6, je l'ai multiplié *par 3, nombre de souches germaines dans la ligne maternelle*, ce qui m'a donné 18 ; j'ai pris le tiers de ce nombre, qui est 6, pour former le quart de l'auteur commun; j'ai additionné ensemble ces deux nombres qui m'ont produit 24, que j'ai multipliés par 5, nombre d'enfants naturels, ce qui m'a donné 120. Ce nombre étant insuffisant pour la division, je l'ai multiplié par le dénominateur 4, parce que la succession se fractionne par quarts entre les héritiers, ce qui m'a procuré 480 pour dénominateur, que j'ai divisés comme suit, savoir : 240/480es aux enfants naturels conjointement, ou chacun 48/480es au total. Sur les 240/480es restant, j'ai donné 60/480es à l'auteur commun pour son quart. Dans les 180/480es formant les 3/4 restant sur la seconde moitié, j'ai attribué 90/480es à chaque ligne paternelle et maternelle, ou 15/480es à chaque germain et consanguin dans la ligne paternelle et 30/480es à chaque germain dans la ligne maternelle au total.

Nota. Ce dénominateur s'étant trouvé beaucoup trop élevé par la fausse application des combinaisons faite avec intention, je l'ai réduit de deux tiers. (Voir la véritable opération à la planche ci-contre.)

(74)

32ᵉ PLANCHE.

OUVERTURE DE SUCCESSION AU PROFIT D'ENFANTS GERMAINS, NATURELS ET CONSANGUINS.

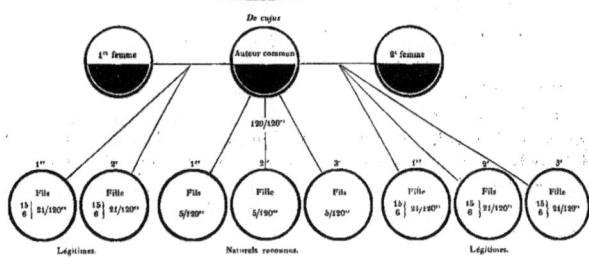

(75)

RÉUNION DE CATÉGORIES.

(Art. 745, Cod. civ.) « Les enfants ou leurs descendants succèdent *à leurs père ou mère*..... sans distinction de
« sexe ni de primogéniture, et encore qu'ils soient issus *de différents mariages*. »
(Art. 757, Cod. civ.) « Le droit de l'enfant naturel sur les biens de ses père ou mère décédés est réglé ainsi qu'il suit :
« Si le père ou la mère a laissé des *descendants légitimes,* ce droit est *d'un tiers* de la portion héréditaire que l'enfant
« naturel aurait eue, *s'il eût été légitime.* »

Dans cette planche, l'auteur commun est décédé, laissant pour ayant-droit à sa succession des enfants issus de deux mariages et trois enfants naturels; sa succession se partage dans les proportions déterminées par la loi entre tous ses enfants (art. 913, Cod. civ.); sauf les dispositions faites par le défunt aux termes de cet article, quant à la portion disponible de ses biens, qui ne peut excéder le quart de sa succession.

Nota. Les enfants légitimes, quoique de deux lits différents, ont les mêmes droits dans la succession de leur père. J'ai fait pour cette généalogie l'opération comme à la planche 93, et conformément à l'instruction page 95, 4ᵉ exemple.
J'ai multiplié 8, nombre d'enfants légitimes et naturels, par 3, dénominateur de 3/3, ce qui m'a donné 24 ; ensuite, ce produit par 5, nombre d'enfants légitimes, ce qui m'a procuré 120 pour véritable dénominateur, par conséquent 15/120ᵉˢ de part et 6/120ᵉˢ de répartition sur les 2/3 d'excédant de portion des enfants naturels, au total 21/120ᵉˢ à chaque enfant légitime et 1/3 de portion ou 5/120ᵉˢ au total à chaque enfant naturel.

(76)

33ᵉ PLANCHE.

OUVERTURE DE DEUX SUCCESSIONS, L'UNE DIRECTE ET PAR REPRÉSENTATION ET L'AUTRE COLLATÉRALE, ASCENDANTE ET PAR TRANSMISSION.

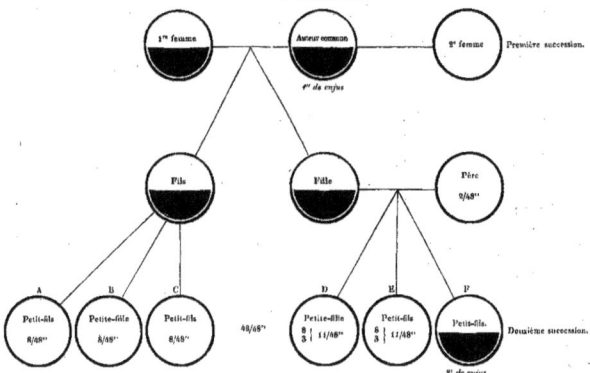

RÉUNION DE CATÉGORIES.

(Art. 745, Cod. civ.) « Les enfants ou leurs descendants succèdent à leurs père et mère, aïeuls, aïeules.... sans « distinction de sexe ni de primogéniture, et encore qu'ils soient issus de différents mariages... »
(Art. 749, Cod. civ.) « Dans le cas où la personne morte sans postérité laisse des frères, sœurs, ou des descendants d'eux, « si le père ou la mère est prédécédé, la portion qui lui aurait été dévolue conformément au précédent article se réunit à la « moitié déférée aux frères, sœurs, ou à leurs représentants. »
(Art. 751, Cod. civ.) « Si le père ou la mère seulement a survécu, ils sont appelés (les frères, sœurs ou leurs repré- « sentants), à recueillir les trois quarts. »
(Art. 913, 914, 915, 1048 et 1049, Cod civ.) « Sauf les dispositions faites et permises aux termes desdits articles « par les deux *de cujus*. »

Dans cette planche, l'aïeul est décédé le premier; sa succession s'est ouverte immédiatement au profit de tous ses petits-enfants, appelés, les premiers par représentation de leur père, et les seconds par représentation de leur mère; F. n'a survécu que peu de jours à son aïeul et par son décès a transmis ses droits dans la succession de ce dernier, 1° à son père survivant pour un quart, 2° et pour les trois autres quarts à ses frère et sœur.

OPÉRATION ARITHMÉTIQUE.

Pour la 1re succession, j'ai multiplié 2, nombre de souches, par 3, division égale de branches dans chacune de ces souches, ce qui m'a donné 6, pour la division de cette succession.
Pour la 2e succession, j'ai multiplié le nombre 6 ci-dessus par 2, nombre d'héritiers restant dans la seconde souche, ce qui m'a produit 12. Ce nombre ne pouvant suffire pour la division, je l'ai multiplié par le dénominateur 4, parce que la succession se fractionne par quart, ce qui m'a donné 48 pour véritable dénominateur, par conséquent, 8/48es d'abord à chaque branche des deux souches. Les 8/48es revenant au *de cujus* ont été répartis savoir: 2/48es au père de de ce dernier, et 3/48es à chacun de ses frère et sœur.

(78)

34ᵉ PLANCHE.

OUVERTURE DE QUATRE SUCCESSIONS, LA PREMIÈRE COLLATÉRALE ET PAR REPRÉSENTATION, LES SECONDE ET TROISIÈME COLLATÉRALES ET PAR TRANSMISSION, ET LA QUATRIÈME DIRECTE ET PAR TRANSMISSION.

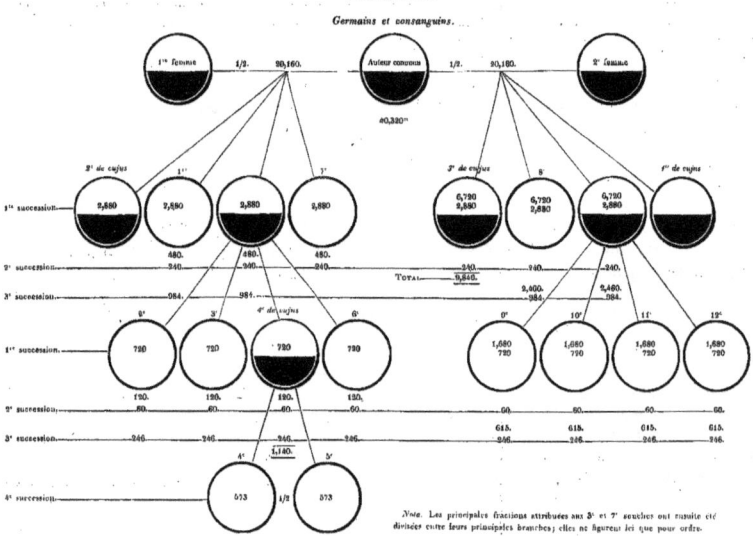

Note. Les principales fractions attribuées aux 3ᵉ et 7ᵉ souches ont ensuite été divisées entre leurs principales branches; elles ne figurent ici que pour ordre.

(79)
RÉUNION DE CATÉGORIES.

(Art. 750 et 752, Cod. civ.) Voir les dispositions à la page 41.
(Art. 745, Cod. civ.) Voir les dispositions à la page 15.

Dans cette planche sont représentés quatre cas de successions.
Les trois premiers s'appliquent à des successions collatérales, l'une par représentation, et les autres par transmission.
Le quatrième cas s'applique à une succession directe aussi par représentation et transmission.

L'opération arithmétique se fait dans cette circonstance par les mêmes principes arithmétiques que pour les autres cas, comme on le voit ci-contre, à la seule différence cependant qu'il faut avoir soin de compter avec les souches du premier degré pour la 1re succession, lors de la recherche des nombres, les 2e, 3e et 4e *de cujus* comme survivant au 1er *de cujus*, et ayant un droit ouvert dans sa succession, et de procéder de la même manière pour les 3e et 4e *de cujus*, sauf à les retrancher successivement dans chaque opération de succession, à mesure de leur extinction, et par conséquent de l'ouverture de leur succession.

Lorsqu'on a procédé pour la *1re succession* à la multiplication du nombre obtenu par les souches par celui produit par les branches dans les différents degrés, il est inutile d'employer de nouveau ces derniers nombres dans les 2e, 3e et 4e successions, puisqu'ils n'ont pas varié; il suffit seulement de compter, à chaque ouverture de succession, le nombre de souches survivantes, et de recourir à l'emploi du dénominateur 2 pour chaque succession, à cause de la division par moitié au profit de chaque ligne.

Si, à l'ouverture des trois dernières successions ci-dessus, il fût survenu un décès dans une des quatre branches du deuxième degré, et que les diverses fractions attribuées à cette branche n'eussent pu se diviser par tiers, il eût fallu alors multiplier le dénominateur ci-contre par 3, afin de pouvoir le diviser ensuite en fractions de même dénomination.

La division du dénominateur se fait par moitié pour chaque ligne, dans la 1re succession, et successivement de degrés en degrés; la fraction attribuée à chaque *de cujus* se divise ensuite de la même manière entre tous les héritiers, en appliquant à chacun la part lui revenant dans chacune de ces diverses fractions et successions, et en distinguant toujours les droits des germains et des consanguins, comme aux planches 16e et 17e.

RÉCAPITULATION.

Fractions réunies.			
	1re	4,564	40,320
	2^e	1,186	
	3^e	1,146	
	4^e	573	
	5^e	573	
	6^e	1,146	
	7^e	4,564	
	8^e	13,264	
	9^e	3,321	
	10^e	3,321	
	11^e	3,321	
	12^e	3,321	
		40,320	40,320
		numérateur.	dénominateur.

OPÉRATION ARITHMÉTIQUE.

1re succession	7	germains et consanguins.
	3	germains.
	21	
	4	division de branches.
	84	
	2	dénominateur de 1/2.
	168	
2e succession	6	germains et consanguins (1).
	1,008	
	2	dénominateur de 1/2.
	2,016	
3e succession	2	germains.
	4,032	
	5	germains et consanguins.
	20,160	
	2	dénominateur de 1/2.
	40,320	véritable dénominateur.

(1) J'ai supprimé le sous-multiple 3 (voir la 10e observation, page 93).

(80)

35ᵉ PLANCHE.

OUVERTURE DE SIX SUCCESSIONS, DONT QUATRE ASCENDANTES ET COLLATÉRALES, ET DEUX DESCENDANTES RECUEILLIES PAR LES AYANT-DROIT TANT DE LEUR CHEF QUE PAR TRANSMISSION.

OPÉRATION ARITHMÉTIQUE.

2ᵉ succession......	4	collatéraux.
	2	ascendants.
	8	
3ᵉ succession......	2	ascendants.
	16	
	3	collatéraux.
	48	
4ᵉ succession......	2	ascendants.
	96	
	2	collatéraux.
	192	
5ᵉ et 6ᵉ successions.	2	collatéraux.
	384ᵐ	véritable dénominateur.

Nota. Le nombre d'héritiers étant le même pour les deux dernières successions, il suffit d'une seule opération pour ces deux successions.

RELEVÉ DU NOMBRE DES HÉRITIERS ET DE LA QUOTITÉ DES FRACTIONS RÉUNIES DANS CHAQUE SUCCESSION.

La 1ʳᵉ et la 2ᵉ succession se partagent entre 6 héritiers par .... 384ᵐ.
La 3ᵉ succession *idem* .... 3 *idem* 48
La 4ᵉ *idem* .... 3 *idem* 96
La 5ᵉ *idem* .... 2 *idem* 192
La 6ᵉ *idem* .... 2 *idem* 192

(81)
RÉUNION DE CATÉGORIES.

1re *succession.* (Art. 746 Cod. civ.) Voir les dispositions, page 27.
2e, 3e *et* 4e *successions.* (Art. 751 et 752, Cod. civ.) Voir les dispositions page 43.
5e *et* 6e *successions.* (Art. 745, Cod. civ.) Voir les dispositions, page 14.

Dans cette planche sont représentés six cas de successions ouvertes successivement.
Le 1er cas est une succession ouverte au profit d'un ascendant pour la portion à lui attribuée dans sa ligne.
Les 2e, 3e et 4e cas sont autant de successions ouvertes au profit d'ascendants et de collatéraux, de leur chef et par transmission.
Les 5e et 6e cas sont deux successions ouvertes au profit de descendants, de leur chef et par transmission.

L'opération se fait par les mêmes principes arithmétiques que ceux énoncés aux deux premiers exemples de l'instruction, comme on le voit ci-contre, en ayant soin de retrancher, du nombre que l'on cherche, chaque *de cujus* à mesure de l'ouverture de sa succession.

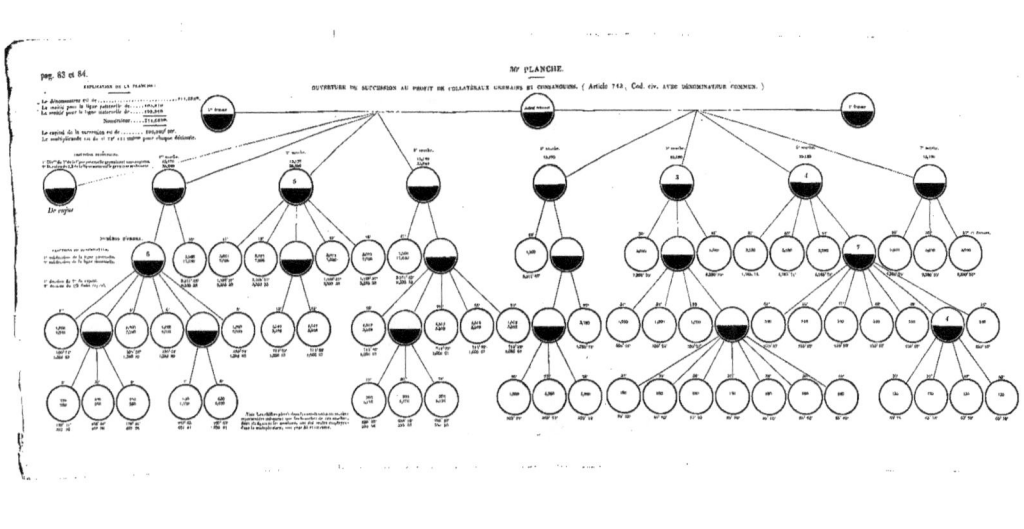

(85)

RÉCAPITULATION.

N°s d'ordre	FRACTIONS DU DÉNOMINATEUR.		Dénominateur	DIVISION DU CAPITAL.	
	Ligne paternelle.	Ligne maternelle.		Ligne paternelle.	Ligne maternelle.
1	1,260	2,940	211,680	505 24	1,388 89
2	420	980		198 41	462 96
3	420	980		198 41	462 96
4	420	980		198 41	462 96
5	1,260	2,940		505 24	1,388 89
6	1,260	2,940		505 24	1,388 89
7	630	1,470		297 62	694 44
8	630	1,470		297 62	694 44
9	1,260	2,940		505 24	1,388 89
10	7,560	17,640		3,571 43	8,333 33
11	3,024	7,056		1,428 57	3,333 33
12	3,024	7,056		1,428 57	3,333 33
13	1,512	3,528		714 29	1,666 67
14	1,512	3,528		714 29	1,666 67
15	3,024	7,056		1,428 57	3,333 33
16	3,024	7,056		1,428 57	3,333 33
17	7,560	17,640		3,571 43	8,333 33
18	1,512	3,528		714 29	1,656 67
19	504	1,176		238 10	555 56
20	504	1,176		238 10	555 56
21	504	1,176		238 10	555 56
22	1,512	3,528		714 29	1,666 67
23	1,512	3,528		714 29	1,666 67
24	1,512	3,528		714 29	1,666 67
25	7,560		105,840	3,571 43	50,000 00
26	1,260			505 24	
27	1,260			505 24	
28	1,260			505 24	
29	3,780			1,785 71	
30	5,040			2,380 95	
31	1,260			505 24	
32	1,260			505 24	
33	1,260			505 24	
34	180			85 03	
35	180			85 03	
36	180			85 03	
37	180			85 03	
38	180			85 03	
39	180			85 03	
40	180			85 03	
41	5,040		105,840	2,380 95	50,000 00
42	3,780			1,785 71	
43	3,780			1,785 71	
44	3,780			1,785 71	
45	540			255 10	
46	540			255 10	
47	540			255 10	
48	540			255 10	
49	540			255 10	
50	135			63 78	
51	135			63 78	
52	135			63 78	
53	135			63 78	
54	540			255 10	
55	5,040	Numérateur.	Dénominateur.	2,380 95	Capital.
56	5,040	211,680	211,680	2,380 95	100,000 00
57	5,040			2,380 95	

1re OPÉRATION PAR PRINCIPES.

1er degré. 7 nombre de *souches* germ. et consang.
3 nombre de souches germaines.
. . . . 21

2e degré. 5 division de branches de la 2e souche.
105
3 division de branches de la 3e souche.
315
4 division de branches de la 6e souche.
1,260

3e degré. 6 subdivision de branches de la 1re souche.
7,560
7 subdivision de branches de la 4e souche.
52,920

4e degré. 4 2e subdiv^{on} de branches de la 6e souche.
211,680 véritable dénominateur.

2e OPÉRATION (comme à la note page 86).

7 nombre de souches germaines et consang.
3 nombre de souches germaines.
21
2 1er nombre.
42
3 2e idem.
126
4 3e idem.
504
5 4e idem.
2,520
6 5e idem.
15,120
7 6e idem.
105,840
2 7e multiplicateur auxiliaire.
211,680 véritable dénominateur.

Nota. S'il se trouvait des enfants naturels auxquels un droit fût ouvert par le décès de leur auteur dans celui ouvert à ce dernier dans la succession de son parent, il y aurait lieu, après l'opération ci-dessus, à procéder par les mêmes principes arithmétiques que ceux indiqués aux successions irrégulières, à moins que la fraction leur revenant ne fût partageable entre eux par portions égales.

EXPLICATION DE L'OPÉRATION PAR PRINCIPES
DE LA PLANCHE CI-CONTRE.

Les 1re, 2e, 5e et 6e souches étant celles qui ont fourni une plus grande division et subdivision de branches dans leurs différents degrés, et contenant toutes les mêmes nombres de branches que les 3e, 4e et 7e souches, ces dernières ont été négligées, et l'opération s'est faite seulement sur les nombres de souches principales.

1er DEGRÉ DIRECT ET 2e DEGRÉ COLLATÉRAL DU *DE CUJUS*.

Dans toute la ligne des premiers degrés j'ai compté ensemble toutes les souches germaines et consanguines comme partageant toutes dans la ligne paternelle, ce qui m'a donné 7 ; j'ai ensuite compté le nombre de souches germaines partageant seules dans la ligne maternelle, ce qui m'a donné 3 ; ces deux nombres multipliés l'un par l'autre m'ont produit 21, que j'ai multipliés successivement par les nombres ci-après employés.

2° DEGRÉ DIRECT ET 3° DEGRÉ COLLATÉRAL DU *DE CUJUS*.

Dans toute la ligne des seconds degrés j'ai employé le nombre 5 de la 2° souche, le nombre 3 de la 5° souche et le nombre 4 de la 6° souche.

Les nombres 2 des 1°, 3° et 4° souches ont été négligés comme sous-multiples de 4, nombre utilisé dans la 6° souche, et le nombre 3 comme égal à 3, nombre employé dans la 5° souche.

3° DEGRÉ DIRECT ET 4° DEGRÉ COLLATÉRAL DU *DE CUJUS*.

Dans la ligne des troisièmes degrés j'ai employé le nombre 6, division de la 1° branche de la 1° souche, et le nombre 7, division de la 4° branche de la 6° souche.

Les nombres 2 et 4, subdivision des 2° et 5° souches ont été supprimés comme formant ensemble le nombre 6, utilisé ci-dessus, et le nombre 5 de la 3° souche, aussi supprimé comme formant double emploi avec celui de la 2° souche utilisé au 2° degré. (Les branches des 2° et 3° souches dans les deux degrés ci-dessus, multipliées chacune par leurs divisions et subdivisions, produisant le même nombre l'une que l'autre, feraient par conséquent double emploi.

4° DEGRÉ DIRECT ET 5° DEGRÉ COLLATÉRAL DU *DE CUJUS*.

Dans la ligne des quatrièmes degrés je n'ai employé que le nombre 4, division d'une branche du 3° degré de la 6° souche; j'ai supprimé les nombres 2 et 3, double subdivision dans les branches de la 1° souche, le premier, sous-multiple de 4 ci-dessus utilisé, le second égal à 3 et 3, nombre de branches des 3° et 4° souches (ces dernières non utilisées dans les combinaisons), et le nombre 7 de la 5° souche, comme formant double emploi avec celui utilisé dans la 6° souche, et produisant le même nombre que le précédent, par la multiplication du nombre 4 que chacun d'eux reçoit au moyen de sa division et subdivision de branches dans les 3° et 4° degrés, ce qui ferait double emploi.

Note. Lorsque, dans une généalogie semblable, on a, dans les 2°, 3° et 4° degrés, les nombres 2, 3, 4, 5, 6, 7, etc., on peut, après avoir obtenu le nombre 21 ou autre, produit de la multiplication *des souches l'une par l'autre*, multiplier ensuite par les nombres ci-dessus, et procéder à la division du nombre obtenu, lequel doit représenter le dénominateur. Si le nombre restant à diviser dans les derniers degrés est insuffisant, il faut alors voir si, en le doublant, triplant, quadruplant, etc., on peut arriver à la plus simple division dans toute la ligne des derniers degrés de chaque souche. Ce nombre double, triple, quadruple ou autre peut alors s'appeler *multiplicateur auxiliaire*.

Si ce nombre ne paraît suffisant qu'en y ajoutant un zéro, c'est qu'alors il devrait être multiplié par 10 ou par 20, etc., à cause des doubles divisions et subdivisions de branches produites par une ou plusieurs souches.

Cette manière d'opérer en pareil cas est plus simple et nécessite moins de recherches et de contention d'esprit, comme je l'ai fait à la planche 36, où ces deux modes d'opérer sont représentés.

DES COMBINAISONS ARITHMÉTIQUES.

Les combinaisons arithmétiques, qui sont une partie essentielle de cette méthode, d'autant plus qu'elles ont pour objet de démontrer le mode de procéder, pour trouver le dénominateur commun dans tous les cas simples ou compliqués, et d'amener par suite à la division des parts et portions à attribuer à chaque héritier dans la succession à laquelle il a droit, suivant les ligne, souche ou degré auxquels il appartient, ont besoin d'être démontrées par principes.

Pour mettre les personnes qui ne seraient pas bien au courant de ces calculs à même d'opérer avec connaissance de cause, je vais donner ici la définition de l'entier et de ses parties ou fractions comparativement l'un aux autres, ainsi que des différents termes usités dans les fractions.

DE L'ENTIER OU UNITÉ.

On entend ici par entier ou unité un nombre égal dans toutes ses parties comme 2/2, 3/3 et 4/4, qui représentent l'entier sous trois principales dénominations, lequel se divise ou fractionne en deux, trois et quatre parties égales, c'est-à-dire en 1/2, 1/3 et 1/4; ces trois premières dénominations de fractions servent de base à toutes les autres combinaisons. L'entier ne change pas de valeur, soit qu'on le double, triple ou quadruple; mais on peut en augmenter les fractions à l'infini : cette multiplication n'est nécessaire qu'autant que l'entier ne se trouve pas divisé en une suffisante quantité de portions partageables, c'est-à-dire en moins de parties égales qu'il y a de personnes, ainsi par exemple: si l'entier ou 4/4 doit être partagé entre huit personnes, ce nombre 4/4 ne pouvant recevoir cette division, il faut doubler les deux termes 4 et 4, c'est-à-dire les multiplier par 2, ce qui donne 8/8, chaque personne aura par conséquent 1/8, ou la huitième partie de l'entier.

Si au contraire l'entier ou 8/8 sont à partager entre quatre personnes, elles auront chacune 2/8, ou le quart de huit; mais en prenant la moitié de chaque terme 8, qui représente 4/4 on a la fraction réduite à sa plus simple expression, et par conséquent 1/4 de l'entier pour chaque personne.

On voit par ce qui précède qu'il convient toujours soit de multiplier, soit de réduire la fraction à sa plus simple expression avant d'opérer le partage de l'entier ou sa division.

DES PARTIES OU FRACTIONS DE L'ENTIER.

On entend par parties, une ou plusieurs fractions d'un nombre que l'on appelle entier, lequel se divise ou se fractionne en plus ou moins de parties égales, comme 4/4, 6/6, 8/8 et 12/12, etc., c'est-à-dire que chacun de ces nombres se compose seulement de 4, 6, 8 et 12 parties égales, et que par conséquent chacune ou plusieurs de ces parties réunies ensemble sont des fractions de l'entier comme 1/4, 2/6, 3/8 et 4/12.

DES NUMÉRATEUR ET DÉNOMINATEUR.

On distingue deux principaux termes dans les fractions;
Le premier se nomme *numérateur* et le second *dénominateur*;
Le *numérateur* se met en avant et marque combien la fraction contient de parties de l'unité.
Le *dénominateur* se met en arrière et marque en combien de parties égales l'unité est divisée.
Ainsi ces fractions, 1/4, 4/8 et 12/16, marquent que l'on a 1, 4 et 12 parties de l'entier et que par conséquent cet entier est divisé en 4, 8 et 16 parties égales.

DES MULTIPLES ET SOUS-MULTIPLES.

On entend par multiple un nombre qui contient plusieurs fois exactement le simple, comme 6 à l'égard de 2.
Et par sous-multiple un nombre simple contenu plusieurs fois exactement dans un plus grand nombre, comme 2 à l'égard de 6.

DE L'APPLICATION DES COMBINAISONS ARITHMÉTIQUES POUR TROUVER LE DÉNOMINATEUR COMMUN.

PREMIER EXEMPLE.
POUR LES SUCCESSIONS DÉFÉRÉES AUX DESCENDANTS.

PREMIÈRE OBSERVATION.

Lorsque la succession d'un ascendant s'ouvre au profit de descendants au 1er degré (comme à la planche 2e), le partage s'opère par égales portions, c'est-à-dire par 1/2 s'ils sont deux, par 1/3 s'ils sont trois, par 1/4 s'ils sont quatre, et ainsi de suite. Dans le premier cas ci-dessus le dénominateur est 2; dans le second cas il est 3, et dans le troisième cas il est 4, etc.

IIe OBSERVATION.

Si au contraire la succession d'un ascendant s'ouvre au profit d'héritiers au 1er, 2e, 3e degrés, etc., c'est-à-dire par souches, il faut d'abord, pour trouver le dénominateur commun, compter toutes les souches au 1er degré, à l'exception de celles éteintes et qui ne laissent pas de descendants (comme à la planche 7e), multiplier le nombre des souches vivantes ou représentées par les plus grands nombres de branches au 2e degré, en négligeant les sous-multiples, comme à l'observation ci-après, faire ensuite la même opération sur le produit de cette multiplication, par les plus grands nombres de branches au 3e degré, et ainsi de suite de degrés en degrés.

IIIe OBSERVATION.
EMPLOI DES MULTIPLES ET ABANDON DES SOUS-MULTIPLES.

Si parmi les souches du 1er degré, l'une se divise en 2 branches, l'autre en 3, une autre en 4, une autre en 5, et enfin une autre en 6 branches au 2e degré, il faut toujours supprimer les sous-multiples et alors multiplier le nombre de souches vivantes ou représentées seulement par les multiples *4 et 6*, les nombres 2 et 3 étant le premier sous-multiple de 4, et le second, sous-multiple de 6, et devant être négligés afin de simplifier le dénominateur, et ensuite opérer de la même manière pour les divisions et subdivisions de branches aux degrés subséquents, toujours en employant les multiples et en négligeant les sous-multiples dans chacun de ces différents degrés (comme à la planche 36°); les sous-multiples des sous-multiples doivent aussi être abandonnés.

IV° OBSERVATION.

S'il arrive qu'aux 2°, 3° et 4° degrés, etc., deux ou un plus grand nombre de souches du premier degré soient composées d'un nombre égal de branches sur la même ligne de degrés, comme de 2, 3 ou 4 branches chaque, etc., il suffit de multiplier par un seul nombre de ces branches celui déjà obtenu par les précédentes multiplications, afin de ne pas augmenter le dénominateur inutilement.

De même si deux ou un plus grand nombre de souches représentent l'une et l'autre le même nombre de branches dans leurs divisions et subdivisions aux différents degrés, il suffit d'employer le nombre des divisions et subdivisions de branches d'une de ces souches seulement, afin de simplifier le dénominateur (voir l'explication planche 36°, page 85, 5° degré collatéral). Comme aussi, si les branches et subdivisions de branches d'une seule souche multipliées les unes par les autres produisent un nombre sous-multiple de celui d'une ou de plusieurs autres souches, il y a également lieu à supprimer le produit des opérations faites sur cette souche, afin de simplifier le dénominateur.

V° OBSERVATION.

S'il se trouve qu'après l'opération faite par les branches des 2° et 3° degrés sur les souches, une souche du 1°ʳ degré ne produise de division de branches qu'aux 3° ou 4° degrés, et que le nombre de ses branches soit égal à ceux déjà employés dans les précédentes multiplications comme multiples (ou sous-multiples négligés), soit que cette branche forme par exemple le nombre 10 égal à 4 et 6 déjà employés au 2° degré (voir la 4° observation), il faut l'abandonner, attendu que ce serait doubler le dénominateur inutilement.

VI° OBSERVATION.

L'opération étant terminée sur tous les degrés et le dénominateur commun étant le produit des diverses multiplications, il faut alors diviser ce dénominateur par le nombre de souches vivantes ou représentées, c'est-à-dire en autant de parties égales qu'il y a de souches au 1°ʳ degré, et faire ensuite aux différents degrés subséquents la division et subdivision, par égales portions entre les branches, du nombre attribué à chaque souche (comme à la planche 36°).

VII.e OBSERVATION.

La division étant faite dans tous les degrés, on doit trouver la fraction revenant à chaque héritier aux derniers degrés, réduite à sa plus simple expression. Ces fractions, si les branches ci-devant multipliées étaient en nombres pairs et impairs, doivent aussi être réduites en numérateurs pairs et impairs; dans le cas contraire, il faut les y amener en les réduisant soit d'un 1/5, d'un 1/4, d'un 1/3, ou d'un 1/2, etc. Cette réduction doit se faire dans la même proportion sur toute la ligne des derniers degrés de chaque souche; alors le dénominateur, ainsi réduit à sa plus simple expression, se divise de nouveau comme il est dit ci-dessus (voir planche 36°).

Si l'opération a été faite conformément aux observations qui précèdent, on est rarement exposé à cette réduction.

Nota. Pour faciliter l'intelligence de ces observations on trouvera en regard ou au bas de chaque planche l'explication des combinaisons y relatives.

II.e EXEMPLE.
POUR LES SUCCESSIONS DÉFÉRÉES AUX ASCENDANTS.

VIII.e OBSERVATION (à consulter souvent).

Il arrive fréquemment que pour trouver le dénominateur commun dans certaines généalogies il faut avoir recours aux dénominateurs 2/2, 3/3 et 4/4, surtout lorsqu'il n'y a pas une suffisante quantité de branches, ou de divisions de branches répétées pour former le véritable dénominateur commun, comme on le verra dans les planches ci-après énoncées. L'emploi de chacun de ces dénominateurs est principalement nécessité par la fraction 1/2, 1/3 ou 1/4 que reçoit, ou chaque ligne, ou un héritier collatéral, ou un ascendant dans une succession.

Ainsi par exemple : Si la succession se partage par moitié entre deux lignes ou entre deux ascendants et des collatéraux, l'opération arithmétique n'étant faite sur les nombres employés que pour la première moitié (comme aux planches 12° et 15°), il faut multiplier le nombre obtenu par le dénominateur 2 pour avoir l'entier de la succession.

Si la succession se fractionne par tiers (comme au 2° cas de la planche 1re), il faut multiplier le nombre obtenu par le dénominateur 3 pour avoir la conversion de toutes les fractions en même dénomination.

Si la succession se fractionne par quarts (comme à la planche 13°), l'opération arithmétique étant faite d'abord sur les 3/4, il faut multiplier par le dénominateur 4 pour avoir également la même dénomination de fractions, et, par conséquent, le véritable dénominateur.

PREMIER CAS.

Lorsqu'une succession s'ouvre au profit de deux ascendants et de frères et sœurs ou représentants de ces derniers comme on le voit à la planche 12°, c'est-à-dire 1/4 à chaque ascendant et les 2/4 restants aux frères, sœurs ou à leurs descendants, il faut, pour trouver le véritable dénominateur, multiplier 2, nombre de souches, par 2, nombre de branches de la première souche, ce qui produit 4. Ce nombre ne pouvant suffire à la division, il faut alors multiplier ce produit par 2, dénominateur de 2/2, à cause de la fraction 1/4 que reçoit chaque ascendant au total 1/2; on a 8 pour véritable dénominateur, par conséquent 1/4 ou 2/8 au total à chaque ascendant, ce qui représente la moitié de la succession; 2/8 pour la première souche ou 1/8 au total pour chaque branche de cette souche, et 2/8 pour la seconde souche.

II° CAS.

Lorsqu'une succession s'ouvre, 1° au profit d'un ascendant pour 1/4; 2° et pour les 3/4 restants au profit de frères et sœurs ou représentants de ces derniers (comme à la planche 13°), il faut d'abord multiplier 2, nombre de souches, par 2, division de la seconde souche, ce qui produit 4. Ce nombre ne pouvant non plus recevoir la division nécessaire, il faut alors le multiplier par le dénominateur 4, à cause de la fraction 1/4 que reçoit l'ascendant, ce qui donne 16 pour véritable dénominateur; par conséquent 1/4 ou 4/16es au total à l'ascendant et pour les 12/16es restants, 6/16es à la première souche, 6/16es à la seconde souche, ou 3/16es au total à chaque branche de cette souche.

IX° OBSERVATION.

Si dans les deux cas ci-dessus, les souches sont divisées ou subdivisées, dans leurs différents degrés, en un nombre plus ou moins grand de branches, il faut faire l'opération conformément aux observations du premier exemple.

III° EXEMPLE.
POUR LES SUCCESSIONS COLLATÉRALES.

PREMIER CAS.

Lorsqu'une succession collatérale s'ouvre au profit de frères et sœurs germains et consanguins ou utérins, ou représentants de ces derniers, les germains prenant part dans les deux lignes et les utérins ou consanguins chacun dans leur ligne seulement (comme à la planche 15ᵉ), l'opération se fait ainsi :

Les frères et sœurs germains et consanguins étant au nombre de 5 dans la ligne paternelle, comme prenant tous par portions égales dans cette ligne, il faut multiplier ce nombre 5 par 2, nombre de frères germains dans la ligne maternelle, où ces derniers partagent seuls entre eux, ce qui produit 10. Ce nombre ne pouvant se diviser convenablement, il faut le multiplier par le dénominateur 2, attendu que la succession se fractionne par moitié entre les deux lignes, ce qui donne 20 pour véritable dénominateur.

On procède ensuite à la division de ce dénominateur par moitié, c'est-à-dire que l'on attribue 10/20ᵉˢ à la ligne paternelle, et 10/20ᵉˢ à la ligne maternelle. Les germains et consanguins étant au nombre de 5 à partager dans la ligne paternelle, et le 5ᵉ de 10 étant 2, il revient par conséquent 2/20ᵉˢ à chaque germain et consanguin dans cette ligne, et les germains partageant seuls entre eux dans la ligne maternelle, il leur revient à chacun 5/20ᵉˢ, ce qui leur fait au total dans *les deux lignes* 7/20ᵉˢ, et aux consanguins chacun 2/20ᵉˢ dans leur ligne seulement.

IIᵉ CAS.

Lorsqu'une succession collatérale s'ouvre au profit de deux auteurs communs et de frères et sœurs germains et consanguins ou utérins, ou représentants de ces derniers, c'est-à-dire 1/4 à chaque auteur, et les 2/4 restants aux frères et sœurs germains et consanguins ou utérins, les germains prenant part dans les deux lignes et les utérins ou consanguins chacun dans leur ligne seulement, l'opération se fait comme à la planche 16ᵉ.

Les germains et consanguins formant ensemble 5 souches dans la ligne paternelle, comme prenant tous par portions égales dans cette ligne, il faut multiplier ce nombre par 2, nombre de souches germaines dans la ligne maternelle, ce qui produit 10. La seconde souche des consanguins se divisant en 2 branches, il faut multiplier par ce dernier nombre celui précédemment obtenu, ce qui donne 20. Ce produit ne pouvant se diviser convenablement, il faut le multiplier par le dénominateur 2, parce que la succession se fractionne par moitié entre les deux ascendants et les frères et sœurs du défunt; on a 40 pour véritable dénominateur, savoir : 1/4 ou 10/40ᵉˢ à chaque auteur commun. Les 20/40ᵉˢ restants, formant la moitié du dénominateur, se partagent entre les deux lignes paternelle et maternelle de la même manière qu'au premier cas ci-dessus.

Nota. Dans ce cas, la succession se divise à la fois par 1/2 et par 1/4, savoir: 1/2 pour les deux ascendants, ou 1/4 à chaque, et 1/2 pour les deux lignes, ou 1/4 à chaque ligne; les dénominateurs à employer sont par conséquent 2/2 ou 4/4. La seconde souche consanguine ayant produit le nombre 2 par ses branches, je n'ai eu besoin que du dénominateur 2 pour compléter mon véritable dénominateur; sans ce secours, j'aurais employé le dénominateur 4/4 (8ᵉ observation, page 91).

IIIe CAS.

Lorsqu'une succession collatérale s'ouvre (comme à la planche 17e) au profit d'un auteur commun pour 1/4 et pour les 3/4 restants au profit des frères et sœurs germains ou consanguins ou utérins du défunt, ou représentants desdits collatéraux, l'opération se fait ainsi :

Les germains et consanguins formant ensemble 5 souches co-partageantes dans la ligne paternelle, et les germains seulement 2 souches dans la ligne maternelle, il faut multiplier ces deux nombres l'un par l'autre, ce qui produit 10 ; multiplier ensuite le produit ci-dessus par 3, nombre de branches de la seconde souche consanguine, ce qui donne 30 ; prendre le tiers de ce produit qui est 10, pour avoir le quart de l'auteur commun, puis additionner ensemble ces deux nombres qui représentent 40. Ce nombre étant insuffisant pour la division, il faut le multiplier ensuite par le dénominateur 2, vu que la succession se fractionne par moitié entre les deux lignes. On a 80 pour véritable dénominateur, par conséquent 1/4 ou 20/80es à l'ascendant, et pour les 3/4 ou 60/80es restants 30/80es à chaque ligne. Le surplus de la division et subdivision des fractions par souches et par branches se fait comme au premier cas de cet exemple.

Xe OBSERVATION.

Lorsque, comme à la planche 31, le nombre de souches germaines au premier degré dans la ligne maternelle, qui est de 3, se trouve être sous-multiple de 6, nombre de souches germaines et consanguines aussi au premir degré, et réunies dans la ligne paternelle, la règle générale étant de supprimer l'emploi du *sous-multiple* au même degré, dans ce cas, il ne faut pas faire usage du sous-multiple 3, mais seulement du multiple 6, si l'on veut avoir le dénominateur réduit à sa plus simple expression ; autrement on serait obligé de faire la même opération de réduction que celle que j'y ai figurée pour exemple. *Cette observation s'applique également aux trois cas ci-dessus.*

XIe OBSERVATION.

S'il arrive, en outre, que dans un des trois cas ci-dessus une généalogie ne soit composée que d'une seule souche germaine et d'une ou plusieurs souches consanguines ou utérines, il n'en faut pas moins dans les combinaisons compter la souche germaine avec les souches consanguines ou utérines dans la ligne de ces dernières et faire pour le reste l'opération comme il est précédemment indiqué.

XIIᵉ OBSERVATION.

Dans les trois cas ci-dessus, l'opération pour la multiplication des nombres, dans les divisions et subdivisions de souches aux différents degrés, se fait comme aux précédentes observations du premier exemple.

IVᵉ EXEMPLE.
POUR LES SUCCESSIONS IRRÉGULIÈRES.

Lorsqu'une succession s'ouvre au profit d'enfants légitimes et d'enfants naturels (comme aux planches 23ᵉ et 32ᵉ), le droit des enfants naturels étant d'un tiers de la portion héréditaire qu'ils auraient eue s'ils eussent été légitimes, il faut, pour trouver le dénominateur commun, multiplier le nombre d'enfants légitimes et naturels réunis par 3, dénominateur de 3/3, afin de convertir toutes les fractions en même dénomination; et pour arriver ensuite à diviser et attribuer à chaque enfant légitime une fraction égale dans les 2/3 restant sur la part que chaque enfant naturel aurait eue s'il eût été légitime, il faut multiplier de nouveau le nombre précédemment obtenu seulement par le nombre d'enfants légitimes : on a toujours de cette manière le véritable dénominateur. *Cette dernière multiplication n'est pas nécessaire quand le nombre d'enfants légitimes est égal à celui d'enfants naturels.*

La division du dénominateur se fait d'abord en autant de principales fractions qu'il y a d'enfants légitimes et naturels; sur chaque principale fraction provisoirement attribuée aux enfants naturels on prélève pour ces derniers le 1/3, qui est la part leur revenant, et les 2/3 restant sur cette principale fraction se partagent par égales portions entre les enfants légitimes.

Nota. L'opération pour la division du capital se fait comme à l'instruction page 96.

Vᵉ EXEMPLE.
POUR LES DOUBLES CATÉGORIES.

Lorsque, comme aux planches 33ᵉ, 34ᵉ et 35ᵉ, deux ou un plus grand nombre de successions s'ouvrent soit directement soit par transmission, et que l'on procède en même temps et par un seul et même acte à l'inventaire de ces successions, on peut aussi établir les qualités des héritiers dans ces successions par un seul et même dénominateur, en opérant comme il est indiqué au bas ou en regard de chacune de ces planches.

13.

DE LA CORRESPONDANCE DES FRACTIONS DU DÉNOMINATEUR AVEC LE CAPITAL DE LA SUCCESSION.

L'opération pour connaître la correspondance des fractions du dénominateur relativement au capital net et liquide de la succession, et la somme revenant à chaque héritier dans sa ligne, souche et degré comparativement à sa fraction se fait ainsi.

Il faut diviser le capital (espèces) de la succession par le dénominateur commun; le nombre qu'il représente au quotient donne la valeur en francs et centimes de chaque fraction décimale du dénominateur. Ce nombre, que l'on peut appeler *nombre fixe*, devient alors le multiplicande des diverses fractions attribuées à chaque héritier dans les lignes, souches et degrés dans lesquels il participe, et le produit de cette multiplication représente en francs et centimes la part revenant à chaque héritier dans le capital de la succession.

Les fractions attribuées à chaque germain dans les deux lignes peuvent, si l'on veut, s'additionner ensemble pour n'en faire qu'un seul et même multiplicateur, ainsi qu'une seule et même somme, ou séparément, si l'on préfère avoir le net revenant à chacun dans l'une et l'autre ligne.

On peut également multiplier par la fraction attribuée soit à chaque souche, soit à chaque ligne, si l'on tient à connaître le capital lui revenant.

Lorsqu'on procède à la division du capital par le dénominateur, il faut, s'il n'y a pas de centimes joints à ce même capital, y ajouter deux zéros pour recevoir le produit des centimes dans la division.

Si la division ne peut s'opérer sans reste, il faut ajouter jusqu'à concurrence de deux et trois zéros à ce même restant, et continuer la division par le dénominateur. Le produit de ces zéros au quotient s'utilise dans la multiplication par les fractions du dénominateur, et sert à diviser le capital autant que possible et sans reste.

Si, lors de la division du capital par le dénominateur, il y a un ou plusieurs zéros au dénominateur, il faut les supprimer comme inutiles dans la division.

Il faut également, lors de la multiplication des fractions, pour connaître la somme revenant à chaque héritier dans le capital, supprimer tous les zéros de ces fractions, afin de simplifier les chiffres.

La division du capital par le dénominateur ne peut se faire qu'autant que ce même dénominateur se trouve réduit à sa plus simple expression, comme il a été dit précédemment à la 7e observation.

Par le moyen du multiplicande (ou nombre fixe), on peut se dispenser de faire la division et subdivision par lignes, souches et branches du capital; cette méthode offre l'avantage de diviser le capital presque sans reste, et de faire connaître de suite à un héritier la somme lui revenant dans la succession. (Voir l'opération, pages 22 et 23).

XIII.e OBSERVATION.

Lorsqu'aux termes des articles 913, 914 et 915 du Code civil, les père et mère ont fait usage de la faculté à eux accordée, quant à la portion disponible de leurs biens, selon les différentes catégories, l'opération arithmétique, pour connaître le dénominateur commun, se fait conformément aux diverses combinaisons qui précèdent, sauf ensuite, si cette libéralité est de 1/4, à multiplier le dénominateur naturel par 4, dénominateur de 4/4; si cette libéralité est de 1/3, à multiplier le dénominateur naturel par 3, dénominateur de 3/3; et enfin, si cette libéralité est de 1/2, à multiplier le dénominateur naturel par 2, dénominateur de 2/2.

Nota. Voir l'application, planche 2.e

FIN.

www.ingramcontent.com/pod-product-compliance
Lightning Source LLC
Chambersburg PA
CBHW070300100426
42743CB00011B/2287